TRANZLATY

El idioma es para todos

Езикът е за всички

El Manifiesto Comunista

Комунистическият манифест

Karl Marx
&
Friedrich Engels

Español / Български

Copyright © 2025 Tranzlaty
All rights reserved.
Published by Tranzlaty
ISBN: 978-1-80572-421-6
Original text by Karl Marx and Friedrich Engels
The Communist Manifesto
First published in 1848
www.tranzlaty.com

Introducción

Въвеждането

Un fantasma acecha a Europa: el fantasma del comunismo

Призрак преследва Европа – призракът на комунизма

Todas las potencias de la vieja Europa han entrado en una santa alianza para exorcizar este fantasma

Всички сили на стара Европа влязоха в свещен съюз, за да прогонят този призрак

El Papa y el Zar, Metternich y Guizot, los radicales franceses y los espías de la policía alemana

Папа и цар, Метерних и Гизо, френски радикали и германски полицейски шпиони

¿Dónde está el partido en la oposición que no ha sido tachado de comunista por sus adversarios en el poder?

Къде е партията в опозиция, която не е заклеймена като комунистическа от опонентите си на власт?

¿Dónde está la Oposición que no haya devuelto el reproche de marca al comunismo contra los partidos de oposición más avanzados?

Къде е опозицията, която не е отхвърлила упрека на комунизма срещу по-напредналите опозиционни партии?

¿Y dónde está el partido que no ha hecho la acusación contra sus adversarios reaccionarios?

И къде е партията, която не е повдигнала обвинения срещу своите реакционни противници?

Dos cosas resultan de este hecho

От този факт произтичат две неща

I. El comunismo es ya reconocido por todas las potencias europeas como una potencia en sí misma

I. Комунизмът вече е признат от всички европейски сили като сила

II. Ya es hora de que los comunistas publiquen abiertamente, a la vista de todo el mundo, sus puntos de vista, sus objetivos y sus tendencias

II. Крайно време е комунистите открито, пред лицето на целия свят, да изложат своите възгледи, цели и тенденции

deben hacer frente a este cuento infantil del Espectro del Comunismo con un Manifiesto del propio partido

те трябва да посрещнат тази детска приказка за призрака на комунизма с манифест на самата партия

Con este fin, comunistas de diversas nacionalidades se han reunido en Londres y han esbozado el siguiente Manifiesto

За тази цел комунисти от различни националности се събраха в Лондон и скицираха следния манифест

El presente manifiesto se publicará en inglés, francés, alemán, italiano, flamenco y danés

този манифест трябва да бъде публикуван на английски, френски, немски, италиански, фламандски и датски език

Y ahora se publicará en todos los idiomas que ofrece Tranzlaty

И сега предстои да бъде публикуван на всички езици, които предлага Транзлати

La burguesía y los proletarios
Буржоа и пролетариите

La historia de todas las sociedades existentes hasta ahora es la historia de las luchas de clases

Историята на всички съществуващи досега общества е история на класовите борби

Hombre libre y esclavo, patricio y plebeyo, señor y siervo, maestro de gremio y oficial

Свободен човек и роб, патриций и плебей, господар и крепостен, майстор на гилдията и калфа

en una palabra, opresor y oprimido

с една дума, потисник и потиснат

Estas clases sociales estaban en constante oposición entre sí

Тези социални класи са в постоянна опозиция една на друга

Llevaron a cabo una lucha ininterrumpida. Ahora oculto, ahora abierto

те водеха непрекъсната битка. Сега скрити, сега отворени

una lucha que terminó en una reconstitución revolucionaria de la sociedad en general

борба, която или завършва с революционно преустройство на обществото като цяло

o una lucha que terminó en la ruina común de las clases contendientes

или борба, която завърши с обща разруха на съперничещите класи

Echemos la vista atrás a las épocas anteriores de la historia

Нека погледнем назад към по-ранните епохи на историята

Encontramos casi en todas partes una complicada organización de la sociedad en varios órdenes

почти навсякъде откриваме сложно подреждане на обществото в различни категории

Siempre ha habido una múltiple gradación de rango social

Винаги е имало разнообразна градация на социалния ранг

En la antigua Roma tenemos patricios, caballeros, plebeyos, esclavos

В древен Рим имаме патриции, рицари, плебеи, роби

en la Edad Media: señores feudales, vasallos, maestros de gremios, oficiales, aprendices, siervos

през Средновековието: феодали, васали, майстори на гилдии, калфи, чираци, крепостни селяни

En casi todas estas clases, de nuevo, las gradaciones subordinadas

в почти всички тези класове, отново подчинени градации

La sociedad burguesa moderna ha brotado de las ruinas de la sociedad feudal

Съвременното буржоазно общество е поникнало от руините на феодалното общество

Pero este nuevo orden social no ha eliminado los antagonismos de clase

Но този нов социален ред не е премахнал класовите противопоставяния

No ha hecho más que establecer nuevas clases y nuevas condiciones de opresión

Той само създаде нови класи и нови условия на потисничество

Ha establecido nuevas formas de lucha en lugar de las antiguas

тя установи нови форми на борба на мястото на старите

Sin embargo, la época en la que nos encontramos posee un rasgo distintivo

Епохата, в която се намираме, обаче притежава една отличителна черта

la época de la burguesía ha simplificado los antagonismos de clase

епохата на буржоазията опрости класовите противоположности

La sociedad en su conjunto se divide cada vez más en dos grandes campos hostiles

Обществото като цяло все повече се разделя на два големи враждебни лагера

dos grandes clases sociales enfrentadas directamente: la burguesía y el proletariado

две големи социални класи, които са точно обърнати една срещу друга: буржоазия и пролетариат

De los siervos de la Edad Media surgieron los burgueses de las primeras ciudades

От крепостните селяни на Средновековието произлизат чартърните бюргери от най-ранните градове

A partir de estos burgueses se desarrollaron los primeros elementos de la burguesía

От тези граждани се развиват първите елементи на буржоазията

El descubrimiento de América y el doblamiento del Cabo

Откриването на Америка и заобикалянето на носа

estos acontecimientos abrieron un nuevo terreno para la burguesía en ascenso

тези събития отварят нова почва за надигащата се буржоазия

Los mercados de las Indias Orientales y China, la colonización de América, el comercio con las colonias

Източноиндийският и китайският пазари, колонизацията на Америка, търговията с колониите

el aumento de los medios de cambio y de las mercancías en general

увеличаването на средствата за размяна и на стоките като цяло

Estos acontecimientos dieron al comercio, a la navegación y a la industria un impulso nunca antes conocido

Тези събития придават на търговията, корабоплаването и индустрията неизвестен досега импулс

Dio un rápido desarrollo al elemento revolucionario en la tambaleante sociedad feudal

тя дава бързо развитие на революционния елемент в разклатеното феодално общество

Los gremios cerrados habían monopolizado el sistema feudal de producción industrial

затворените гилдии монополизират феодалната система на промишленото производство

Pero esto ya no bastaba para satisfacer las crecientes necesidades de los nuevos mercados

Но това вече не беше достатъчно за нарастващите нужди на новите пазари

El sistema manufacturero sustituyó al sistema feudal de la industria

Производствената система зае мястото на феодалната система на индустрията

Los maestros de gremio fueron empujados a un lado por la clase media manufacturera

Майсторите на гилдиите са изтласкани на една страна от производствената средна класа

La división del trabajo entre los diferentes gremios corporativos desapareció

Разделението на труда между различните корпоративни гилдии изчезва

La división del trabajo penetraba en cada uno de los talleres

разделението на труда прониква във всяка отделна работилница

Mientras tanto, los mercados seguían creciendo y la demanda seguía aumentando

Междувременно пазарите продължаваха да растат непрекъснато, а търсенето непрекъснато нарастваше

Ni siquiera las fábricas bastaban para satisfacer las demandas

Дори фабриките вече не са достатъчни, за да отговорят на изискванията

A partir de entonces, el vapor y la maquinaria revolucionaron la producción industrial

След това парата и машините революционизират промишленото производство

El lugar de la manufactura fue ocupado por el gigante, la Industria Moderna

Мястото на производство е заето от гиганта Modern Industry

El lugar de la clase media industrial fue ocupado por millonarios industriales

Мястото на индустриалната средна класа беше заето от индустриални милионери

el lugar de los jefes de ejércitos industriales enteros fue ocupado por la burguesía moderna

мястото на водачите на цели индустриални армии беше заето от съвременната буржоазия

el descubrimiento de América allanó el camino para que la industria moderna estableciera el mercado mundial

откриването на Америка проправя пътя на съвременната индустрия да установи световния пазар

Este mercado dio un inmenso desarrollo al comercio, la navegación y la comunicación por tierra

Този пазар дава огромно развитие на търговията, корабоплаването и комуникациите по суша

Este desarrollo ha repercutido, en su momento, en la extensión de la industria

Това развитие навремето реагира на разширяването на промишлеността

Reaccionó en proporción a cómo se extendía la industria, y cómo se extendían el comercio, la navegación y los ferrocarriles

тя реагира пропорционално на това как се разширява индустрията и как се разширяват търговията, корабоплаването и железопътните линии

en la misma proporción en que la burguesía se desarrolló, aumentó su capital

в същата пропорция, в която се развива буржоазията, те увеличават капитала си

y la burguesía relegó a un segundo plano a todas las clases heredadas de la Edad Media

и буржоазията изтласква на заден план всяка класа, предадена от Средновековието

por lo tanto, la burguesía moderna es en sí misma el producto de un largo curso de desarrollo

следователно съвременната буржоазия сама по себе си е продукт на дълъг път на развитие

Vemos que es una serie de revoluciones en los modos de producción y de intercambio

виждаме, че това е поредица от революции в начините на производство и на размяната

Cada paso de la burguesía desarrollista iba acompañado de un avance político correspondiente

Всяка стъпка в развитието на буржоазията беше придружена от съответен политически напредък

Una clase oprimida bajo el dominio de la nobleza feudal

Потисната класа под влиянието на феодалното благородничество

una asociación armada y autónoma en la comuna medieval

въоръжено и самоуправляващо се сдружение в средновековната комуна

aquí, una república urbana independiente (como en Italia y Alemania)

тук, независима градска република (както в Италия и Германия)

allí, un "tercer estado" imponible de la monarquía (como en Francia)

там облагаема "трета власт" на монархията (както във Франция)

posteriormente, en el período de fabricación propiamente dicho

след това, в периода на производство

la burguesía servía a la monarquía semifeudal o a la monarquía absoluta

буржоазията служи или на полуфеодалната, или на абсолютната монархия

o la burguesía actuaba como contrapeso contra la nobleza

или буржоазията действаше като противовес на благородничеството

y, de hecho, la burguesía era una piedra angular de las grandes monarquías en general

и всъщност буржоазията беше крайъгълен камък на великите монархии като цяло

pero la industria moderna y el mercado mundial se establecieron desde entonces

но Модерната индустрия и световният пазар се утвърдиха оттогава

y la burguesía ha conquistado para sí el dominio político exclusivo

и буржоазията завладя за себе си изключителна политическа власт

logró esta influencia política a través del Estado representativo moderno

той постигна това политическо влияние чрез съвременната представителна държава

Los ejecutivos del Estado moderno no son más que un comité de gestión

Изпълнителните органи на съвременната държава са само управителен комитет

y manejan los asuntos comunes de toda la burguesía

и те управляват общите дела на цялата буржоазия

La burguesía, históricamente, ha desempeñado un papel muy revolucionario

Буржоазията исторически играе най-революционна роля

Dondequiera que se impuso, puso fin a todas las relaciones feudales, patriarcales e idílicas

Където и да надделее, той слага край на всички феодални, патриархални и идилични отношения

Ha roto sin piedad los abigarrados lazos feudales que unían al hombre con sus "superiores naturales"

Тя безмилостно разкъса пъстрите феодални връзки, които свързваха човека с неговите "естествени началници"

y no ha dejado ningún nexo entre el hombre y el hombre, más allá del puro interés propio

и не е оставила никаква връзка между човека и човека, освен голия личен интерес

Las relaciones del hombre entre sí se han convertido en nada más que un cruel "pago en efectivo"

Отношенията на човека един с друг не са се превърнали в нищо повече от коравосърдечно "плащане в брой"

Ha ahogado los éxtasis más celestiales del fervor religioso

Тя е удавила най-небесния екстаз на религиозния плам

ha ahogado el entusiasmo caballeresco y el sentimentalismo filisteo

тя е удавила рицарския ентусиазъм и филистерския сантиментализъм

ha ahogado estas cosas en el agua helada del cálculo egoísta

тя е удавила тези неща в леденената вода на егоистичните изчисления

Ha resuelto el valor personal en valor de cambio

Той превърна личната стойност в разменна стойност

Ha sustituido a las innumerables e imprescriptibles libertades estatutarias

Тя замени безбройните и неоспорими свободи

y ha establecido una libertad única e inconcebible; Libre cambio

и тя е създала една-единствена, безсъвестна свобода; Свободна търговия

En una palabra, lo ha hecho para la explotación

С една дума, тя направи това за експлоатация

explotación velada por ilusiones religiosas y políticas

експлоатация, забулена от религиозни и политически илюзии

explotación velada por una explotación desnuda, desvergonzada, directa, brutal

експлоатация, забулена от гола, безсрамна, директна, брутална експлоатация

la burguesía ha despojado de la aureola a todas las ocupaciones anteriormente honradas y veneradas

буржоазията е премахнала ореола от всяка почитана и почитана преди това професия

el médico, el abogado, el sacerdote, el poeta y el hombre de ciencia

лекарят, адвокатът, свещеникът, поетът и човекът на науката

Ha convertido a estos distinguidos trabajadores en sus trabajadores asalariados

тя е превърнала тези изтъкнати работници в свои платени наемни работници

La burguesía ha rasgado el velo sentimental de la familia

Буржоазията е скъсала сантименталния воал от семейството

y ha reducido la relación familiar a una mera relación monetaria

и е свела семейната връзка до обикновена парична връзка

el brutal despliegue de vigor en la Edad Media que tanto admiran los reaccionarios

бруталната проява на енергия през Средновековието, на която реакционеристите толкова много се възхищават

Aun esto encontró su complemento adecuado en la más perezosa indolencia

Дори това намери подходящо допълнение в най-ленивата леност

La burguesía ha revelado cómo sucedió todo esto

Буржоазията разкри как се е случило всичко това

La burguesía ha sido la primera en mostrar lo que la actividad del hombre puede producir

Буржоазията беше първата, която показа до какво може да доведе човешката дейност

Ha logrado maravillas que superan con creces las pirámides egipcias, los acueductos romanos y las catedrales góticas

Той е извършил чудеса, далеч надминаващи египетските пирамиди, римските акведукти и готическите катедрали

y ha llevado a cabo expediciones que han hecho sombra a todos los antiguos Éxodos de naciones y cruzadas

и е провеждал експедиции, които са поставили в сянка всички предишни изходи на нации и кръстоносни походи

La burguesía no puede existir sin revolucionar constantemente los instrumentos de producción

Буржоазията не може да съществува без постоянна революция в инструментите на производството

y, por lo tanto, no puede existir sin sus relaciones con la producción

и по този начин тя не може да съществува без своите отношения към производството

y, por lo tanto, no puede existir sin sus relaciones con la sociedad

и затова не може да съществува без отношенията си с обществото

Todas las clases industriales anteriores tenían una condición en común

Всички по-ранни индустриални класи имаха едно общо условие

Confiaban en la conservación de los antiguos modos de producción

те разчитат на запазването на старите начини на производство

pero la burguesía trajo consigo una dinámica completamente nueva

но буржоазията донесе със себе си напълно нова динамика

Revolucionar constantemente la producción y perturbar ininterrumpidamente todas las condiciones sociales

Постоянна революция в производството и непрекъснато нарушаване на всички обществени условия

esta eterna incertidumbre y agitación distingue a la época burguesa de todas las anteriores

тази вечна несигурност и вълнение отличава епохата на буржоазията от всички по-ранни

Las relaciones previas con la producción vinieron acompañadas de antiguos y venerables prejuicios y opiniones

Предишните отношения с производството идват с древни и почитани предразсъдъци и мнения

Pero todas estas relaciones fijas y congeladas son barridas

Но всички тези фиксирани, бързо замръзнали отношения са пометени

Todas las relaciones recién formadas se vuelven anticuadas antes de que puedan osificarse

Всички новоформирани отношения остаряват, преди да успеят да се вкостенят

Todo lo que es sólido se derrite en el aire, y todo lo que es santo es profanado

Всичко, което е твърдо, се топи във въздуха и всичко, което е свято, се осквернява

El hombre se ve finalmente obligado a afrontar con sus sentidos sobrios sus verdaderas condiciones de vida

Човекът най-накрая е принуден да се изправи пред трезви сетива пред истинските си условия на живот

y se ve obligado a afrontar sus relaciones con los de su especie

и той е принуден да се изправи пред отношенията си със своя вид

La burguesía necesita constantemente ampliar sus mercados para sus productos

Буржоазията постоянно се нуждае от разширяване на пазарите си за своите продукти

y, debido a esto, la burguesía es perseguida por toda la superficie del globo

и поради това буржоазията е преследвана по цялата повърхност на земното кълбо

La burguesía debe anidar en todas partes, establecerse en todas partes, establecer conexiones en todas partes

Буржоазията трябва да се сгуши навсякъде, да се засели навсякъде, да установи връзки навсякъде

La burguesía debe crear mercados en todos los rincones del mundo para explotar

Буржоазията трябва да създаде пазари във всяко кътче на света, за да ги експлоатира

La producción y el consumo en todos los países han adquirido un carácter cosmopolita

Производството и потреблението във всяка страна имат космополитен характер

el disgusto de los reaccionarios es palpable, pero ha continuado a pesar de todo

огорчението на реакционеристите е осезаемо, но то продължава независимо от това

La burguesía ha sacado de debajo de los pies de la industria el terreno nacional en el que se encontraba

Буржоазията извади изпод краката на индустрията националната почва, на която стоеше

Todas las industrias nacionales de vieja data han sido destruidas, o están siendo destruidas diariamente

всички стари национални индустрии са унищожени или ежедневно се унищожават

Todas las viejas industrias nacionales son desplazadas por las nuevas industrias

всички стари национални индустрии са изместени от нови индустрии

Su introducción se convierte en una cuestión de vida o muerte para todas las naciones civilizadas

въвеждането им се превръща във въпрос на живот и смърт за всички цивилизовани нации

son desalojados por industrias que ya no trabajan con materia prima autóctona

те са изместени от индустрии, които вече не обработват местни суровини

En cambio, estas industrias extraen materias primas de las zonas más remotas

Вместо това тези индустрии черпят суровини от най-отдалечените зони

industrias cuyos productos se consumen, no solo en el país, sino en todos los rincones del mundo

индустрии, чиито продукти се консумират не само у дома, но и във всеки квартал на земното кълбо

En lugar de las viejas necesidades, satisfechas por las producciones del país, encontramos nuevas necesidades

На мястото на старите желания, задоволени от производствата на страната, намираме нови желания

Estas nuevas necesidades requieren para su satisfacción los productos de tierras y climas lejanos

Тези нови нужди изискват за задоволяване продуктите на далечни страни и климат

En lugar de la antigua reclusión y autosuficiencia local y nacional, tenemos el comercio

На мястото на старото местно и национално уединение и самодостатъчност, ние имаме търговия

intercambio internacional en todas las direcciones; Interdependencia universal de las naciones

международен обмен във всяка посока; Всеобща взаимозависимост на нациите

Y así como dependemos de los materiales, también dependemos de la producción intelectual

И точно както имаме зависимост от материалите, така сме зависими и от интелектуалното производство

Las creaciones intelectuales de las naciones individuales se convierten en propiedad común

Интелектуалните творения на отделните нации стават обща собственост

La unilateralidad nacional y la estrechez de miras se vuelven cada vez más imposibles

Националната едностранчивост и тесногръдост стават все по-невъзможни

y de las numerosas literaturas nacionales y locales, surge una literatura mundial

и от многобройните национални и местни литератури възниква световна литература

por el rápido perfeccionamiento de todos los instrumentos de producción

чрез бързото усъвършенстване на всички инструменти за производство

por los medios de comunicación inmensamente facilitados

чрез изключително улеснените средства за комуникация

La burguesía atrae a todos (incluso a las naciones más bárbaras) a la civilización

Буржоазията въвлича всички (дори и най-варварските народи) в цивилизацията

Los precios baratos de sus mercancías; la artillería pesada que derriba todas las murallas chinas

Ниските цени на неговите стоки; тежката артилерия, която разбива всички китайски стени

El odio intensamente obstinado de los bárbaros hacia los extranjeros se ve obligado a capitular

Упоритата на варварите към чужденците е принудена да капитулира

Obliga a todas las naciones, bajo pena de extinción, a adoptar el modo de producción burgués

Тя принуждава всички народи, под страх от изчезване, да приемат буржоазния начин на производство

los obliga a introducir lo que llama civilización en su seno

то ги принуждава да въведат това, което нарича цивилизация в средата си

La burguesía obliga a los bárbaros a convertirse ellos mismos en burgueses

Буржоазията принуждава варварите сами да станат буржоазия

en una palabra, la burguesía crea un mundo a su imagen y semejanza

с една дума, буржоазията създава свят по свой собствен образ

La burguesía ha sometido el campo al dominio de las ciudades

Буржоазията е подчинила провинцията на властта на градовете

Ha creado enormes ciudades y ha aumentado considerablemente la población urbana

Тя създаде огромни градове и значително увеличи градското население

Rescató a una parte considerable de la población de la idiotez de la vida rural

той спаси значителна част от населението от идиотизма на селския живот

pero ha hecho que los del campo dependan de las ciudades

но това е направило хората в провинцията зависими от градовете

y asimismo, ha hecho que los países bárbaros dependan de los civilizados

и по същия начин тя направи варварските страни зависими от цивилизованите

naciones de campesinos sobre naciones de la burguesía, el Este sobre el Oeste

нациите на селяните върху нациите на буржоазията, изтокът на запад

La burguesía suprime cada vez más el estado disperso de la población

Буржоазията все повече премахва разпръснатото състояние на населението

Ha aglomerado la producción y ha concentrado la propiedad en pocas manos

Тя има агломерирано производство и има концентрирана собственост в няколко ръце

La consecuencia necesaria de esto fue la centralización política

Необходимата последица от това беше политическата централизация

Había habido naciones independientes y provincias poco conectadas

Имаше независими нации и слабо свързани провинции

Tenían intereses, leyes, gobiernos y sistemas tributarios separados

те имат отделни интереси, закони, правителства и системи за данъчно облагане

pero se han agrupado en una sola nación, con un solo gobierno

но те са се обединили в една нация, с едно правителство

Ahora tienen un interés nacional de clase, una frontera y un arancel aduanero

сега те имат един национален класов интерес, една граница и една митническа тарифа

Y este interés nacional de clase está unificado bajo un solo código de leyes

и този национален класов интерес е обединен в един кодекс на закона

la burguesía ha logrado mucho durante su gobierno de apenas cien años

буржоазията е постигнала много по време на своето управление от едва сто години

fuerzas productivas más masivas y colosales que todas las generaciones precedentes juntas

по-масивни и колосални производителни сили, отколкото всички предишни поколения заедно

Las fuerzas de la naturaleza están subyugadas a la voluntad del hombre y su maquinaria

Силите на природата са подчинени на волята на човека и неговата машина

La química se aplica a todas las formas de industria y tipos de agricultura

Химията се прилага във всички форми на промишленост и видове земеделие

la navegación a vapor, los ferrocarriles, los telégrafos eléctricos y la imprenta

Парна навигация, железопътни линии, електрически телеграфи и печатна преса

desbroce de continentes enteros para el cultivo, canalización de ríos

разчистване на цели континенти за обработване, канализация на реки

Poblaciones enteras han sido sacadas de la tierra y puestas a trabajar

цели популации са били извадени от земята и поставени на работа

¿Qué siglo anterior tuvo siquiera un presentimiento de lo que podría desencadenarse?

Кой по-ранен век дори е имал предчувствие за това, което може да бъде отприщено?

¿Quién predijo que tales fuerzas productivas dormitaban en el regazo del trabajo social?

Кой предрече, че такива производителни сили дремят в скута на обществения труд?

Vemos, pues, que los medios de producción y de intercambio se generaban en la sociedad feudal

Виждаме тогава, че средствата за производство и размяна са били създадени във феодалното общество

los medios de producción sobre cuyos cimientos se construyó la burguesía

средствата за производство, на чиято основа се изгражда буржоазията

En una determinada etapa del desarrollo de estos medios de producción y de intercambio

На определен етап от развитието на тези средства за производство и размяна

las condiciones bajo las cuales la sociedad feudal producía e intercambiaba

условията, при които феодалното общество произвежда и обменя

La organización feudal de la agricultura y la industria manufacturera

Феодалната организация на селското стопанство и преработващата промишленост

Las relaciones feudales de propiedad ya no eran compatibles con las condiciones materiales

феодалните отношения на собственост вече не бяха
съвместими с материалните условия

**Tuvieron que ser reventados en pedazos, por lo que fueron
reventados en pedazos**

Те трябваше да бъдат разкъсани, така че бяха разкъсани

**En su lugar entró la libre competencia de las fuerzas
productivas**

На тяхно място се намесва свободната конкуренция от
страна на производителните сили

**y fueron acompañadas de una constitución social y política
adaptada a ella**

и те бяха придружени от социална и политическа
конституция, адаптирана към нея

**y fue acompañado por el dominio económico y político de la
burguesía**

и то беше съпроводено от икономическото и политическо
влияние на класата на буржоазията

**Un movimiento similar está ocurriendo ante nuestros
propios ojos**

Подобно движение се случва пред очите ни

**La sociedad burguesa moderna con sus relaciones de
producción, de intercambio y de propiedad**

Съвременното буржоазно общество с неговите
производствени отношения, размяна и собственост

**una sociedad que ha conjurado medios de producción y de
intercambio tan gigantescos**

общество, което е създало такива гигантски средства за
производство и размяна

**Es como el hechicero que invocó los poderes del mundo
inferior**

Това е като магьосника, който призова силите на Долния
свят

Pero ya no es capaz de controlar lo que ha traído al mundo

но той вече не е в състояние да контролира това, което е
донесъл на света

Durante muchas décadas, la historia pasada estuvo unida por un hilo conductor

В продължение на много десетилетия историята е била свързана с обща нишка

La historia de la industria y del comercio no ha sido más que la historia de las revueltas

Историята на индустрията и търговията е била само история на бунтове

las revueltas de las fuerzas productivas modernas contra las condiciones modernas de producción

бунтовете на съвременните производителни сили срещу съвременните условия на производство

Las revueltas de las fuerzas productivas modernas contra las relaciones de propiedad

бунтовете на съвременните производителни сили срещу отношенията на собственост

estas relaciones de propiedad son las condiciones para la existencia de la burguesía

тези отношения на собственост са условия за съществуването на буржоазията

y la existencia de la burguesía determina las reglas de las relaciones de propiedad

а съществуването на буржоазията определя правилата на отношенията на собственост

Baste mencionar el retorno periódico de las crisis comerciales

достатъчно е да споменем периодичното завръщане на търговските кризи

cada crisis comercial es más amenazante para la sociedad burguesa que la anterior

всяка търговска криза е по-заплашителна за буржоазното общество от предишната

En estas crisis se destruye gran parte de los productos existentes

При тези кризи голяма част от съществуващите продукти се унищожават

Pero estas crisis también destruyen las fuerzas productivas previamente creadas

но тези кризи унищожават и създадените преди това производителни сили

En todas las épocas anteriores, estas epidemias habrían parecido un absurdo

във всички по-ранни епохи тези епидемии биха изглеждали абсурдни

porque estas epidemias son las crisis comerciales de la sobreproducción

защото тези епидемии са търговски кризи на свръхпроизводството

De repente, la sociedad se encuentra de nuevo en un estado de barbarie momentánea

Обществото изведнъж се оказва отново в състояние на моментно варварство

como si una guerra universal de devastación hubiera cortado todos los medios de subsistencia

сякаш една всеобща война на опустошение е отрязала всички средства за препитание

la industria y el comercio parecen haber sido destruidos; ¿Y por qué?

индустрията и търговията изглежда са унищожени; И защо?

Porque hay demasiada civilización y medios de subsistencia

Защото има твърде много цивилизация и средства за препитание

y porque hay demasiada industria y demasiado comercio

и защото има твърде много индустрия и твърде много търговия

Las fuerzas productivas a disposición de la sociedad ya no desarrollan la propiedad burguesa

Производителните сили, с които разполага обществото, вече не развиват буржоазната собственост

por el contrario, se han vuelto demasiado poderosos para estas condiciones, por las cuales están encadenados

напротив, те са станали твърде силни за тези условия, от които са оковани

tan pronto como superan estas cadenas, traen el desorden a toda la sociedad burguesa

щом преодолеят тези окови, те внасят безпорядък в цялото буржоазно общество

y las fuerzas productivas ponen en peligro la existencia de la propiedad burguesa

и производителните сили застрашават съществуването на буржоазната собственост

Las condiciones de la sociedad burguesa son demasiado estrechas para abarcar la riqueza creada por ellas

Условията на буржоазното общество са твърде тесни, за да обхванат богатството, създадено от тях

¿Y cómo supera la burguesía estas crisis?

И как буржоазията преодолява тези кризи?

Por un lado, supera estas crisis mediante la destrucción forzada de una masa de fuerzas productivas

От една страна, тя преодолява тези кризи чрез насилствено унищожаване на маса от производителни сили

por otro lado, supera estas crisis mediante la conquista de nuevos mercados

От друга страна, тя преодолява тези кризи чрез завладяването на нови пазари

y supera estas crisis mediante la explotación más completa de las viejas fuerzas productivas

и преодолява тези кризи чрез по-задълбочена експлоатация на старите производствени сили

Es decir, allanando el camino para crisis más extensas y destructivas

С други думи, като проправят пътя за по-обширни и по-разрушителни кризи

supera la crisis disminuyendo los medios para prevenir las crisis

той преодолява кризата, като намалява средствата за предотвратяване на кризи

Las armas con las que la burguesía derribó el feudalismo se vuelven ahora contra sí misma

Оръжията, с които буржоазията събори феодализма до основи, сега са обърнати срещу самата себе си

Pero la burguesía no sólo ha forjado las armas que le dan la muerte

Но буржоазията не само е изковала оръжията, които носят смърт на самата себе си

También ha llamado a la existencia a los hombres que han de empuñar esas armas

тя също така е създала хората, които трябва да владеят тези оръжия

Y estos hombres son la clase obrera moderna; Son los proletarios

и тези хора са съвременната работническа класа; те са пролетариите

En la misma proporción en que se desarrolla la burguesía, en la misma proporción se desarrolla el proletariado

В степента, в която се развива буржоазията, в същата пропорция се развива и пролетариатът

La clase obrera moderna desarrolló una clase de trabajadores

Съвременната работническа класа развива класа от работници

Esta clase de obreros vive sólo mientras encuentran trabajo

Тази класа работници живее само докато си намери работа

y sólo encuentran trabajo mientras su trabajo aumenta el capital

и те намират работа само докато техният труд увеличава капитала

Estos obreros, que deben venderse a destajo, son una mercancía

Тези работници, които трябва да се продават на парче, са стока

Estos obreros son como cualquier otro artículo de comercio
Тези работници са като всеки друг предмет на търговията
y, en consecuencia, están expuestos a todas las vicisitudes de la competencia
и следователно те са изложени на всички превратности на конкуренцията
Tienen que capear todas las fluctuaciones del mercado
те трябва да издържат на всички колебания на пазара
Debido al uso extensivo de maquinaria y a la división del trabajo
Поради широкото използване на машините и разделението на труда
El trabajo de los proletarios ha perdido todo carácter individual
Работата на пролетариите е загубила всякакъв индивидуален характер
y, en consecuencia, el trabajo de los proletarios ha perdido todo encanto para el obrero
и следователно работата на пролетариите е загубила всякакво очарование за работника
Se convierte en un apéndice de la máquina, en lugar del hombre que una vez fue
Той се превръща в придатък на машината, а не в човека, който някога е бил
Sólo se requiere de él la habilidad más simple, monótona y más fácil de adquirir
От него се изисква само най-простото, монотонно и най-лесно придобиваното умение
Por lo tanto, el costo de producción de un trabajador está restringido
Следователно производствените разходи на работника са ограничени
se restringe casi por completo a los medios de subsistencia que necesita para su manutención
тя е ограничена почти изцяло до средствата за препитание, които той се нуждае за издръжката си

y se restringe a los medios de subsistencia que necesita para la propagación de su raza

и то е ограничено до средствата за препитание, от които се нуждае за размножаване на своята раса

Pero el precio de una mercancía, y por lo tanto también del trabajo, es igual a su costo de producción

Но цената на стоката, а следователно и на труда, е равна на нейните производствени разходи

Por lo tanto, a medida que aumenta la repulsividad del trabajo, disminuye el salario

Следователно, пропорционално, с нарастването на отблъскването на работата, заплатата намалява

Es más, la repulsión de su obra aumenta a un ritmo aún mayor

Нещо повече, отблъскването на работата му нараства с още по-голяма скорост

A medida que aumenta el uso de maquinaria y la división del trabajo, también lo hace la carga del trabajo

С увеличаването на използването на машини и разделението на труда се увеличава и тежестта на труда

La carga del trabajo se incrementa con la prolongación de las horas de trabajo

тежестта на труда се увеличава чрез удължаване на работното време

Se espera más del obrero en el mismo tiempo que antes

от работника се очаква повече в същото време, както и преди

Y, por supuesto, la carga del trabajo aumenta por la velocidad de la maquinaria

и, разбира се, тежестта на труда се увеличава от скоростта на машините

La industria moderna ha convertido el pequeño taller del amo patriarcal en la gran fábrica del capitalista industrial

Съвременната индустрия превърна малката работилница на патриархалния господар във великата фабрика на индустриалния капиталист

Las masas de obreros, hacinados en la fábrica, están organizadas como soldados

Маси от работници, натъпкани във фабриката, са организирани като войници

Como soldados rasos del ejército industrial están bajo el mando de una jerarquía perfecta de oficiales y sargentos

Като редници на индустриалната армия те са поставени под командването на съвършена йерархия от офицери и сержанти

no sólo son esclavos de la burguesía y del Estado

те са не само роби на класата и държавата на буржоазията

pero también son esclavizados diariamente y cada hora por la máquina

но те също така ежедневно и ежечасно са поробвани от машината

están esclavizados por el vigilante y, sobre todo, por el propio fabricante burgués

те са поробени от надзирателя и преди всичко от самия отделен буржоазен фабрикант

Cuanto más abiertamente proclama este despotismo que la ganancia es su fin y su fin, tanto más mezquino, más odioso y más amargo es

Колкото по-открито този деспотизъм провъзгласява печалбата за своя цел и цел, толкова по-дребнава, толкова по-омразна и по-огорчена е тя

Cuanto más se desarrolla la industria moderna, menores son las diferencias entre los sexos

Колкото повече се развива модерната индустрия, толкова по-малки са разликите между половете

Cuanto menor es la habilidad y el ejercicio de la fuerza implícitos en el trabajo manual, tanto más el trabajo de los hombres es reemplazado por el de las mujeres

Колкото по-малко умението и усилието на силата се предполагат в ръчния труд, толкова повече трудът на мъжете се измества от този на жените

Las diferencias de edad y sexo ya no tienen ninguna validez social distintiva para la clase obrera

Разликите във възрастта и пола вече нямат никаква отличителна социална значимост за работническата класа

Todos son instrumentos de trabajo, más o menos costosos de usar, según su edad y sexo

Всички те са инструменти на труда, повече или по-малко скъпи за използване, в зависимост от възрастта и пола им

tan pronto como el obrero recibe su salario en efectivo, es atacado por las otras partes de la burguesía

щом работникът получи заплатата си в брой, той бива определен от другите части на буржоазията

el propietario, el tendero, el prestamista, etc

наемодателят, собственикът на магазина, заложната къща и т.н

Los estratos más bajos de la clase media; los pequeños comerciantes y tenderos

По-ниските слоеве на средната класа; дребните търговци и търговците

los comerciantes jubilados en general, y los artesanos y campesinos

пенсионираните търговци като цяло, занаятчиите и селяните

todo esto se hunde poco a poco en el proletariado

всички те постепенно потъват в пролетариата

en parte porque su minúsculo capital no basta para la escala en que se desarrolla la industria moderna

отчасти защото техният малък капитал не е достатъчен за мащаба, в който се осъществява модерната индустрия

y porque está inundada en la competencia con los grandes capitalistas

и защото е потопен в конкуренцията с едрите капиталисти

en parte porque sus habilidades especializadas se vuelven inútiles por los nuevos métodos de producción

отчасти защото техните специализирани умения обезценяват новите методи на производство

De este modo, el proletariado es reclutado entre todas las clases de la población

Така пролетариатът се набира от всички класи на населението

El proletariado pasa por varias etapas de desarrollo

Пролетариатът преминава през различни етапи на развитие

Con su nacimiento comienza su lucha con la burguesía

С раждането му започва борбата му с буржоазията

Al principio, la contienda es llevada a cabo por trabajadores individuales

Отначало състезанието се води от отделни работници

Entonces el concurso es llevado a cabo por los obreros de una fábrica

тогава състезанието се провежда от работниците на фабриката

Entonces la contienda es llevada a cabo por los operarios de un oficio, en una localidad

след това състезанието се води от работниците на един занаят, в едно населено място

y la contienda es entonces contra la burguesía individual que los explota directamente

и тогава състезанието е срещу отделната буржоазия, която директно ги експлоатира

No dirigen sus ataques contra las condiciones de producción de la burguesía

Те насочват своите атаки не срещу буржоазните условия на производство

pero dirigen su ataque contra los propios instrumentos de producción

но те насочват атаката си срещу самите инструменти за производство

destruyen mercancías importadas que compiten con su mano de obra

те унищожават вносни стоки, които се конкурират с техния труд

Hacen pedazos la maquinaria y prenden fuego a las fábricas

Те разбиват на парчета машини и подпалват фабрики

tratan de restaurar por la fuerza el estado desaparecido del obrero de la Edad Media

те се стремят да възстановят със сила изчезналия статут на работника от Средновековието

En esta etapa, los obreros forman todavía una masa incoherente dispersa por todo el país

На този етап работниците все още образуват несвързана маса, разпръсната из цялата страна

y se rompen por su mutua competencia

и те са разбити от взаимното си съревнование

Si en alguna parte se unen para formar cuerpos más compactos, esto no es todavía la consecuencia de su propia unión activa

Ако някъде те се обединят, за да образуват по-компактни тела, това все още не е следствие от техния собствен активен съюз

pero es una consecuencia de la unión de la burguesía, para alcanzar sus propios fines políticos

но това е следствие от обединението на буржоазията, за да постигне собствените си политически цели

la burguesía se ve obligada a poner en movimiento a todo el proletariado

буржоазията е принудена да задвижи целия пролетариат

y además, por un momento, la burguesía es capaz de hacerlo

и освен това за известно време буржоазията е в състояние да направи това

Por lo tanto, en esta etapa, los proletarios no luchan contra sus enemigos

Следователно на този етап пролетариите не се борят с враговете си

sino que están luchando contra los enemigos de sus enemigos

но вместо това те се борят с враговете на враговете си.

la lucha contra los restos de la monarquía absoluta y los terratenientes

борбата с остатъците от абсолютната монархия и помешчиците

luchan contra la burguesía no industrial; la pequeña burguesía

те се борят с неиндустриалната буржоазия; дребната буржоазия

De este modo, todo el movimiento histórico se concentra en manos de la burguesía

Така цялото историческо движение е съсредоточено в ръцете на буржоазията

cada victoria así obtenida es una victoria para la burguesía

всяка така постигната победа е победа за буржоазията

Pero con el desarrollo de la industria, el proletariado no sólo aumenta en número

Но с развитието на индустрията пролетариатът не само се увеличава по брой

el proletariado se concentra en grandes masas y su fuerza crece

пролетариатът се концентрира в по-големи маси и силата му нараства

y el proletariado siente cada vez más esa fuerza

и пролетариатът усеща тази сила все повече и повече

Los diversos intereses y condiciones de vida en las filas del proletariado se igualan cada vez más

Различните интереси и условия на живот в редиците на пролетариата все повече се изравняват

se vuelven más proporcionales a medida que la maquinaria borra todas las distinciones de trabajo

те стават все по-пропорционални, тъй като машините заличават всички различия на труда

y la maquinaria reduce los salarios al mismo nivel bajo en casi todas partes

а машините почти навсякъде намаляват заплатите до същото ниско ниво

La creciente competencia entre la burguesía, y las crisis comerciales resultantes, hacen que los salarios de los obreros sean cada vez más fluctuantes

Нарастващата конкуренция между буржоазията и произтичащите от нея търговски кризи правят заплатите на работниците все по-колебаещи се

La mejora incesante de la maquinaria, que se desarrolla cada vez más rápidamente, hace que sus medios de vida sean cada vez más precarios

Непрекъснатото усъвършенстване на машините, все по-бързо развиващо се, прави поминъка им все по-несигурен

los choques entre obreros individuales y burgueses individuales toman cada vez más el carácter de choques entre dos clases

сблъсъците между отделните работници и отделната буржоазия все повече придобиват характер на сблъсъци между две класи

A partir de ese momento, los obreros comienzan a formar uniones (sindicatos) contra la burguesía

След това работниците започват да образуват комбинации (профсъюзи) срещу буржоазията

se agrupan para mantener el ritmo de los salarios

те се обединяват, за да поддържат процента на заплатите

Fundaron asociaciones permanentes para hacer frente de antemano a estas revueltas ocasionales

те намериха постоянни сдружения, за да се погрижат предварително за тези случайни бунтове

Aquí y allá la contienda estalla en disturbios

Тук-там състезанието избухва в бунтове

De vez en cuando los obreros salen victoriosos, pero sólo por un tiempo

От време на време работниците побеждават, но само за известно време

El verdadero fruto de sus batallas no reside en el resultado inmediato, sino en la unión cada vez mayor de los trabajadores

Истинският плод на техните битки се крие не в непосредствения резултат, а във все по-разширяващия се съюз на работниците

Esta unión se ve favorecida por la mejora de los medios de comunicación creados por la industria moderna

Този съюз е подпомогнат от подобрените средства за комуникация, създадени от съвременната индустрия

La comunicación moderna pone en contacto a los trabajadores de diferentes localidades

съвременната комуникация поставя работниците от различни населени места в контакт помежду си

Era precisamente este contacto el que se necesitaba para centralizar las numerosas luchas locales en una lucha nacional entre clases

Именно този контакт беше необходим, за да се централизират многобройните местни борби в една национална борба между класите

Todas estas luchas tienen el mismo carácter, y toda lucha de clases es una lucha política

Всички тези борби са от един и същ характер и всяка класова борба е политическа борба

los burgueses de la Edad Media, con sus miserables carreteras, necesitaron siglos para formar sus uniones

бюргерите от Средновековието, с техните мизерни магистрали, са имали нужда от векове, за да създадат своите съюзи

Los proletarios modernos, gracias a los ferrocarriles, logran sus sindicatos en pocos años

Съвременните пролетарии, благодарение на железниците, постигат своите съюзи в рамките на няколко години

Esta organización de los proletarios en una clase los formó, por consiguiente, en un partido político

Впоследствие тази организация на пролетариите в класа ги превърна в политическа партия

La clase política se ve continuamente molesta por la competencia entre los propios trabajadores

политическата класа непрекъснато отново се разстройва
от конкуренцията между самите работници

**Pero la clase política sigue levantándose de nuevo, más
fuerte, más firme, más poderosa**

Но политическата класа продължава да се издига отново,
по-силна, по-силна, по-силна

**Obliga al reconocimiento legislativo de los intereses
particulares de los trabajadores**

Той задължава законодателното признаване на особените
интереси на работниците

**lo hace aprovechándose de las divisiones en el seno de la
propia burguesía**

той прави това, като се възползва от разделенията сред
самата буржоазия

**De este modo, el proyecto de ley de las diez horas en
Inglaterra se convirtió en ley**

Така десетчасовият законопроект в Англия беше приет в
сила

**en muchos sentidos, las colisiones entre las clases de la vieja
sociedad son, además, el curso del desarrollo del
proletariado**

в много отношения сблъсъците между класите на старото
общество са по-нататъшно развитие на пролетариата

La burguesía se ve envuelta en una batalla constante

Буржоазията се оказва въвлечена в постоянна битка

**Al principio se verá envuelto en una batalla constante con la
aristocracia**

Отначало тя ще се окаже въвлечена в постоянна битка с
аристокрацията

**más tarde se verá envuelta en una batalla constante con esas
partes de la propia burguesía**

по-късно тя ще се окаже въвлечена в постоянна битка с
тези части от самата буржоазия

**y sus intereses se habrán vuelto antagónicos al progreso de
la industria**

и техните интереси ще станат антагонистични на прогреса
на индустрията

**en todo momento, sus intereses se habrán vuelto
antagónicos con la burguesía de los países extranjeros**
във всяко време техните интереси ще станат
антагонистични с буржоазията на чуждите страни

**En todas estas batallas se ve obligado a apelar al proletariado
y pide su ayuda**
Във всички тези битки той се вижда принуден да се обърне
към пролетариата и моли за помощта му

**y, por lo tanto, se sentirá obligado a arrastrarlo a la arena
política**
и по този начин ще се почувства принуден да го извлече на
политическата арена

**La burguesía misma, por lo tanto, suministra al proletariado
sus propios instrumentos de educación política y general**
Следователно самата буржоазия снабдява пролетариата
със свои собствени инструменти за политическо и общо
възпитание

**en otras palabras, suministra al proletariado armas para
luchar contra la burguesía**
с други думи, тя снабдява пролетариата с оръжие за борба
с буржоазията

**Además, como ya hemos visto, sectores enteros de las clases
dominantes se precipitan en el proletariado**
По-нататък, както вече видяхме, цели слоеве на
господстващите класи се изхвърлят в пролетариата

el avance de la industria los absorbe en el proletariado
напредъкът на индустрията ги засмуква в пролетариата

**o, al menos, están amenazados en sus condiciones de
existencia**
или поне са застрашени в условията на съществуване

**Estos también suministran al proletariado nuevos elementos
de ilustración y progreso**
Те също така снабдяват пролетариата със свежи елементи
на просвещение и прогрес

Finalmente, en momentos en que la lucha de clases se acerca a la hora decisiva

И накрая, във времена, когато класовата борба наближава решителния час

el proceso de disolución que se está llevando a cabo en el seno de la clase dominante

процесът на разпадане, протичащ в управляващата класа

De hecho, la disolución que se está produciendo en el seno de la clase dominante se sentirá en toda la sociedad

всъщност разпадането, което се случва в управляващата класа, ще се усети в цялото общество

Tomará un carácter tan violento y deslumbrante, que un pequeño sector de la clase dominante se quedará a la deriva

Тя ще придобие такъв насилствен, крещящ характер, че малка част от управляващата класа ще се откъсне

y esa clase dominante se unirá a la clase revolucionaria

и тази управляваща класа ще се присъедини към революционната класа

La clase revolucionaria es la clase que tiene el futuro en sus manos

революционната класа е класата, която държи бъдещето в ръцете си

Al igual que en un período anterior, una parte de la nobleza se pasó a la burguesía

Точно както в по-ранен период, част от благородничеството преминава към буржоазията

de la misma manera que una parte de la burguesía se pasará al proletariado

по същия начин част от буржоазията ще премине към пролетариата

en particular, una parte de la burguesía pasará a una parte de los ideólogos de la burguesía

по-специално, част от буржоазията ще премине към част от буржоазните идеолози

Ideólogos burgueses que se han elevado al nivel de comprender teóricamente el movimiento histórico en su conjunto

Буржоазни идеолози, които се издигнаха до нивото на теоретично разбиране на историческото движение като цяло

De todas las clases que hoy se encuentran frente a frente con la burguesía, sólo el proletariado es una clase realmente revolucionaria

От всички класи, които днес стоят лице в лице с буржоазията, само пролетариатът е наистина революционна класа

Las otras clases decaen y finalmente desaparecen frente a la industria moderna

Другите класи се разпадат и накрая изчезват пред лицето на модерната индустрия

el proletariado es su producto especial y esencial

Пролетариатът е негов специален и основен продукт

La clase media baja, el pequeño fabricante, el tendero, el artesano, el campesino

Долната средна класа, дребният производител, магазинерът, занаятчият, селянината

todos ellos luchan contra la burguesía

всички тези борби срещу буржоазията

Luchan como fracciones de la clase media para salvarse de la extinción

те се борят като фракции от средната класа, за да се спасят от изчезване

Por lo tanto, no son revolucionarios, sino conservadores

Следователно те не са революционни, а консервативни

Más aún, son reaccionarios, porque tratan de hacer retroceder la rueda de la historia

Нещо повече, те са реакционни, защото се опитват да върнат колелото на историята назад

Si por casualidad son revolucionarios, lo son sólo en vista de su inminente transferencia al proletariado

Ако случайно те са революционни, те са такива само с оглед на предстоящото им прехвърляне в пролетариата

Por lo tanto, no defienden sus intereses presentes, sino sus intereses futuros

По този начин те защитават не настоящите си, а бъдещите си интереси

abandonan su propio punto de vista para situarse en el del proletariado

те изоставят собствената си гледна точка, за да се поставят на тази на пролетариата

La "clase peligrosa", la escoria social, esa masa pasivamente putrefacta arrojada por las capas más bajas de la vieja sociedad

"Опасната класа", социалната, тази пасивно гниеща маса, изхвърлена от най-ниските слоеве на старото общество

pueden, aquí y allá, ser arrastrados al movimiento por una revolución proletaria

те могат тук-там да бъдат пометени в движението от пролетарска революция

Sus condiciones de vida, sin embargo, la preparan mucho más para el papel de un instrumento sobornado de la intriga reaccionaria

условията на живот обаче го подготвят много повече за ролята на подкупено оръдие на реакционни интриги

En las condiciones del proletariado, los de la vieja sociedad en general están ya virtualmente desbordados

В условията на пролетариата тези на старото общество като цяло вече са фактически затрупани

El proletario carece de propiedad

Пролетарият е без собственост

su relación con su mujer y sus hijos ya no tiene nada en común con las relaciones familiares de la burguesía

отношението му към жена и децата вече няма нищо общо със семейните отношения на буржоазията

el trabajo industrial moderno, el sometimiento moderno al capital, lo mismo en Inglaterra que en Francia, en Estados Unidos como en Alemania

модерен индустриален труд, модерно подчинение на капитала, същото в Англия, както във Франция, в Америка, така и в Германия

Su condición en la sociedad lo ha despojado de todo rastro de carácter nacional

положението му в обществото го е лишило от всяка следа от национален характер

El derecho, la moral, la religión, son para él otros tantos prejuicios burgueses

Законът, моралът, религията са за него толкова много буржоазни предразсъдъци

y detrás de estos prejuicios acechan emboscados otros tantos intereses burgueses

и зад тези предразсъдъци се крият в засада също толкова буржоазни интереси

Todas las clases precedentes que se impusieron trataron de fortalecer su estatus ya adquirido

Всички предишни класи, които получиха надмощие, се стремяха да укрепят вече придобития си статут

Lo hicieron sometiendo a la sociedad en general a sus condiciones de apropiación

те направиха това, като подчиниха обществото като цяло на своите условия на присвояване

Los proletarios no pueden llegar a ser dueños de las fuerzas productivas de la sociedad

Пролетариите не могат да станат господари на производителните сили на обществото

sólo puede hacerlo aboliendo su propio modo anterior de apropiación

то може да направи това само чрез премахване на собствения си предишен начин на присвояване

y, por lo tanto, también suprime cualquier otro modo anterior de apropiación

и по този начин премахва и всеки друг предишен начин на присвояване

No tienen nada propio que asegurar y fortificar

Те нямат нищо свое, което да обезопасят и укрепят.

Su misión es destruir todos los valores y seguros anteriores de la propiedad individual

тяхната мисия е да унищожат всички предишни ценни книжа и застраховки на индивидуална собственост

Todos los movimientos históricos anteriores fueron movimientos de minorías

Всички предишни исторически движения са били движения на малцинства

o eran movimientos en interés de las minorías

или са движения в интерес на малцинствата

El movimiento proletario es el movimiento consciente e independiente de la inmensa mayoría

Пролетарското движение е самосъзнателно, независимо движение на огромното мнозинство

Y es un movimiento en interés de la inmensa mayoría

и това е движение в интерес на огромното мнозинство

El proletariado, el estrato más bajo de nuestra sociedad actual

Пролетариатът, най-ниският слой на нашето сегашно общество

no puede agitarse ni elevarse sin que todos los estratos superiores de la sociedad oficial salgan al aire

Тя не може да се раздвижи или да се издигне, без да се издигнат във въздуха всички управляващи слоеве на официалното общество

Aunque no en el fondo, sí en la forma, la lucha del proletariado con la burguesía es, al principio, una lucha nacional

Макар и не по същество, но по форма, борбата на пролетариата с буржоазията е отначало национална борба

El proletariado de cada país debe, por supuesto, en primer lugar arreglar las cosas con su propia burguesía

Пролетариатът на всяка страна трябва, разбира се, преди всичко да уреди въпросите със своята буржоазия

Al describir las fases más generales del desarrollo del proletariado, hemos trazado la guerra civil más o menos velada

Изобразявайки най-общите фази на развитието на пролетариата, ние проследихме повече или по-малко завоалираната гражданска война

Este civil está haciendo estragos dentro de la sociedad existente

Това гражданско бушува в съществуващото общество

Se enfurecerá hasta el punto en que esa guerra estalle en una revolución abierta

тя ще бушува до точката, в която тази война избухне в открита революция

y luego el derrocamiento violento de la burguesía sienta las bases para el dominio del proletariado

и тогава насилственото сваляне на буржоазията полага основите на властта на пролетариата

Hasta ahora, todas las formas de sociedad se han basado, como ya hemos visto, en el antagonismo de las clases opresoras y oprimidas

Досега всяка форма на общество се основаваше, както вече видяхме, на антагонизма на потиснатите и потиснатите класи

Pero para oprimir a una clase, hay que asegurarle ciertas condiciones

Но за да се потиска една класа, трябва да й се осигурят определени условия

La clase debe ser mantenida en condiciones en las que pueda, por lo menos, continuar su existencia servil

класата трябва да се поддържа при условия, в които тя може поне да продължи своето робско съществуване

El siervo, en el período de la servidumbre, se elevaba a la comuna

Крепостният селянин в периода на крепостничеството се издига до член на комуната

del mismo modo que la pequeña burguesía, bajo el yugo del absolutismo feudal, logró convertirse en burguesía

точно както дребната буржоазия, под игото на феодалния абсолютизъм, успя да се превърне в буржоазия

El obrero moderno, por el contrario, en lugar de elevarse con el progreso de la industria, se hunde cada vez más

Съвременният работник, напротив, вместо да се издига с напредъка на индустрията, потъва все по-дълбоко и по-дълбоко

se hunde por debajo de las condiciones de existencia de su propia clase

той потъва под условията на съществуване на собствената си класа

Se convierte en un indigente, y el pauperismo se desarrolla más rápidamente que la población y la riqueza

Той става просяк, а пауперизмът се развива по-бързо от населението и богатството

Y aquí se hace evidente que la burguesía ya no es apta para ser la clase dominante de la sociedad

И тук става ясно, че буржоазията вече не е годна да бъде господстваща класа в обществото

y no es apta para imponer sus condiciones de existencia a la sociedad como una ley imperativa

и е неподходящо да налага своите условия на съществуване на обществото като върховен закон

Es incapaz de gobernar porque es incapaz de asegurar una existencia a su esclavo dentro de su esclavitud

То е неспособно да управлява, защото е некомпетентно да осигури съществуване на своя роб в неговото робство

porque no puede evitar dejarlo hundirse en tal estado, que tiene que alimentarlo, en lugar de ser alimentado por él

защото не може да не го остави да потъне в такова
състояние, че трябва да го храни, вместо да бъде хранен от
него

La sociedad ya no puede vivir bajo esta burguesía

Обществото вече не може да живее под тази буржоазия

**En otras palabras, su existencia ya no es compatible con la
sociedad**

С други думи, съществуването му вече не е съвместимо с
обществото

**La condición esencial para la existencia y el dominio de la
burguesía es la formación y el aumento del capital**

Съществено условие за съществуването и за
господството на класата на буржоазията е формирането и
увеличаването на капитала

La condición del capital es el trabajo asalariado

условието за капитал е наемният труд

**El trabajo asalariado se basa exclusivamente en la
competencia entre los trabajadores**

Наемният труд почива изключително на конкуренцията
между работниците

**El avance de la industria, cuyo promotor involuntario es la
burguesía, sustituye al aislamiento de los obreros**

Напредъкът на индустрията, чийто неволен поддръжник е
буржоазията, замества изолацията на работниците

**por la competencia, por su combinación revolucionaria, por
la asociación**

поради конкуренцията, поради революционната им
комбинация, поради асоциацията

**El desarrollo de la industria moderna corta bajo sus pies los
cimientos mismos sobre los cuales la burguesía produce y se
apropia de los productos**

Развитието на модерната индустрия изрязва изпод
краката й самата основа, върху която буржоазията
произвежда и присвоява продукти

**Lo que la burguesía produce, sobre todo, son sus propios
sepultureros**

Това, което буржоазията произвежда, преди всичко, са
собствените си гробари
**La caída de la burguesía y la victoria del proletariado son
igualmente inevitables**
Падането на буржоазията и победата на пролетариата са
еднакво неизбежни

Proletarios y comunistas
Пролетарии и комунисти

¿Qué relación tienen los comunistas con el conjunto de los proletarios?

В какво отношение стоят комунистите към пролетариите като цяло?

Los comunistas no forman un partido separado opuesto a otros partidos de la clase obrera

Комунистите не образуват отделна партия, противоположна на другите партии на работническата класа

No tienen intereses separados y aparte de los del proletariado en su conjunto

Те нямат интереси, отделни и отделни от тези на пролетариата като цяло

No establecen ningún principio sectario propio, con el cual dar forma y moldear el movimiento proletario

Те не установяват никакви собствени сектантски принципи, чрез които да оформят и оформят пролетарското движение

Los comunistas se distinguen de los demás partidos obreros sólo por dos cosas

Комунистите се отличават от другите работнически партии само с две неща

En primer lugar, señalan y ponen en primer plano los intereses comunes de todo el proletariado, independientemente de toda nacionalidad

Първо, те изтъкват и извеждат на преден план общите интереси на целия пролетариат, независимо от всяка националност

Esto lo hacen en las luchas nacionales de los proletarios de los diferentes países

това те правят в националните борби на пролетариите от различните страни

En segundo lugar, siempre y en todas partes representan los intereses del movimiento en su conjunto

Второ, те винаги и навсякъде представляват интересите на движението като цяло

esto lo hacen en las diversas etapas de desarrollo por las que tiene que pasar la lucha de la clase obrera contra la burguesía

това те правят в различните стадии на развитие, през които трябва да премине борбата на работническата класа срещу буржоазията

Los comunistas son, por lo tanto, por una parte, prácticamente, el sector más avanzado y resuelto de los partidos obreros de todos los países

Следователно комунистите са, от една страна, на практика, най-напредналата и решителна част от работническите партии във всяка страна

Son ese sector de la clase obrera que empuja hacia adelante a todos los demás

те са онази част от работническата класа, която тласка напред всички останали

Teóricamente, también tienen la ventaja de entender claramente la línea de marcha

Теоретично те също имат предимството да разбират ясно линията на похода

Esto lo comprenden mejor comparado con la gran masa del proletariado

Те разбират това по-добре в сравнение с огромната маса на пролетариата

Comprenden las condiciones y los resultados generales finales del movimiento proletario

те разбират условията и крайните общи резултати на пролетарското движение

El objetivo inmediato del comunista es el mismo que el de todos los demás partidos proletarios

Непосредствената цел на комунистите е същата като тази на всички останали пролетарски партии

Su objetivo es la formación del proletariado en una clase

тяхната цел е формирането на пролетариата в класа

su objetivo es derrocar la supremacía burguesa

те се стремят да свалят господството на буржоазията

la lucha por la conquista del poder político por el proletariado

стремежът към завладяване на политическата власт от пролетариата

Las conclusiones teóricas de los comunistas no se basan en modo alguno en ideas o principios de reformadores

Теоретичните заключения на комунистите по никакъв начин не се основават на идеи или принципи на реформаторите

no fueron los aspirantes a reformadores universales los que inventaron o descubrieron las conclusiones teóricas de los comunistas

не бъдещите универсални реформатори са тези, които са измислили или открили теоретичните заключения на комунистите

Se limitan a expresar, en términos generales, las relaciones reales que surgen de una lucha de clases existente

Те просто изразяват в общи линии действителните отношения, произтичащи от съществуващата класова борба

Y describen el movimiento histórico que está ocurriendo ante nuestros propios ojos y que ha creado esta lucha de clases

и те описват историческото движение, което се случва пред очите ни, което е създало тази класова борба

La abolición de las relaciones de propiedad existentes no es en absoluto un rasgo distintivo del comunismo

Премахването на съществуващите отношения на собственост изобщо не е отличителна черта на комунизма

Todas las relaciones de propiedad en el pasado han estado continuamente sujetas a cambios históricos

Всички отношения на собственост в миналото са били непрекъснато обект на исторически промени

y estos cambios fueron consecuencia del cambio en las condiciones históricas

и тези промени са следствие от промяната на историческите условия

La Revolución Francesa, por ejemplo, abolió la propiedad feudal en favor de la propiedad burguesa

Френската революция, например, премахва феодалната собственост в полза на буржоазната собственост

El rasgo distintivo del comunismo no es la abolición de la propiedad, en general

Отличителната черта на комунизма не е премахването на собствеността като цяло

pero el rasgo distintivo del comunismo es la abolición de la propiedad burguesa

но отличителната черта на комунизма е премахването на буржоазната собственост

Pero la propiedad privada de la burguesía moderna es la expresión última y más completa del sistema de producción y apropiación de productos

Но съвременната частна собственост на буржоазията е окончателният и най-пълен израз на системата на производство и присвояване на продукти

Es el estado final de un sistema que se basa en los antagonismos de clase, donde el antagonismo de clase es la explotación de la mayoría por unos pocos

Това е окончателното състояние на системата, която се основава на класови антагонизми, където класовият антагонизъм е експлоатация на мнозинството от малцина

En este sentido, la teoría de los comunistas puede resumirse en una sola frase; la abolición de la propiedad privada

В този смисъл теорията на комунистите може да бъде обобщена в едно изречение; премахването на частната собственост

A los comunistas se nos ha reprochado el deseo de abolir el derecho de adquirir personalmente la propiedad

Ние, комунистите, бяхме упреквани в желанието да се премахне правото на лично придобиване на собственост

Se afirma que esta propiedad es el fruto del propio trabajo de un hombre

твърди се, че това свойство е плод на собствения труд на човека

y se alega que esta propiedad es la base de toda libertad, actividad e independencia personal.

и се твърди, че това свойство е основата на цялата лична свобода, дейност и независимост.

"¡Propiedad ganada con esfuerzo, adquirida por uno mismo, ganada por uno mismo!"

"Трудно спечелена, самостоятелно придобита, самоспечелена собственост!"

¿Te refieres a la propiedad del pequeño artesano y del pequeño campesino?

Имате предвид собствеността на дребния занаятчия и на дребния селянин?

¿Te refieres a una forma de propiedad que precedió a la forma burguesa?

Имате предвид форма на собственост, която предшества буржоазната форма?

No hay necesidad de abolir eso, el desarrollo de la industria ya lo ha destruido en gran medida

Няма нужда да се премахва това, развитието на промишлеността до голяма степен вече го е унищожило

y el desarrollo de la industria sigue destruyéndola diariamente

и развитието на индустрията все още я унищожава ежедневно

¿O te refieres a la propiedad privada de la burguesía moderna?

Или имате предвид съвременната буржоазия частна собственост?

Pero, ¿crea el trabajo asalariado alguna propiedad para el trabajador?

Но създава ли наемният труд някаква собственост на работника?

¡No, el trabajo asalariado no crea ni una pizca de este tipo de propiedad!

Не, наемният труд не създава нито една частица от този вид собственост!

Lo que sí crea el trabajo asalariado es capital; ese tipo de propiedad que explota el trabajo asalariado

това, което наемният труд създава, е капиталът; този вид собственост, която експлоатира наемния труд

El capital no puede aumentar sino a condición de engendrar una nueva oferta de trabajo asalariado para una nueva explotación

капиталът не може да се увеличава освен при условие, че се поражда ново предлагане на наемен труд за нова експлоатация

La propiedad, en su forma actual, se basa en el antagonismo entre el capital y el trabajo asalariado

Собствеността в сегашния си вид се основава на антагонизма на капитала и наемния труд

Examinemos los dos lados de este antagonismo

Нека разгледаме и двете страни на този антагонизъм

Ser capitalista es tener no sólo un estatus puramente personal

Да бъдеш капиталист означава да имаш не само чисто личен статут

En cambio, ser capitalista es también tener un estatus social en la producción

Вместо това да бъдеш капиталист означава да имаш и социален статус в производството

porque el capital es un producto colectivo; Sólo mediante la acción unida de muchos miembros puede ponerse en marcha

защото капиталът е колективен продукт; Само чрез обединените действия на много членове на ЕП тя може да бъде задвижена

Pero esta acción unida es el último recurso, y en realidad requiere de todos los miembros de la sociedad

Но това обединено действие е крайна мярка и всъщност изисква всички членове на обществото

El capital se convierte en propiedad de todos los miembros de la sociedad

Капиталът се превръща в собственост на всички членове на обществото

pero el Capital no es, por lo tanto, un poder personal; Es un poder social

но следователно капиталът не е лична сила; тя е социална сила

Así, cuando el capital se convierte en propiedad social, la propiedad personal no se transforma en propiedad social

Така че, когато капиталът се превръща в обществена собственост, личната собственост не се превръща в обществена собственост

Lo único que cambia es el carácter social de la propiedad y pierde su carácter de clase

Само социалният характер на собствеността се променя и губи своя класов характер

Veamos ahora el trabajo asalariado

Нека сега разгледаме наемния труд

El precio medio del trabajo asalariado es el salario mínimo, es decir, la cantidad de medios de subsistencia

Средната цена на наемния труд е минималната работна заплата, т.е. тази сума на средствата за издръжка

Este salario es absolutamente necesario en la mera existencia de un obrero

тази заплата е абсолютно необходима за голото съществуване на работника

Por lo tanto, lo que el asalariado se apropia por medio de su trabajo, sólo basta para prolongar y reproducir una existencia desnuda

Следователно това, което наемният работник присвоява чрез своя труд, е достатъчно само за удължаване и възпроизвеждане на голото съществуване

De ninguna manera pretendemos abolir esta apropiación personal de los productos del trabajo

Ние в никакъв случай не възнамеряваме да премахнем това лично присвояване на продуктите на труда

una apropiación que se hace para el mantenimiento y la reproducción de la vida humana

бюджетни кредити, които се отпускат за поддържане и възпроизводство на човешкия живот

Tal apropiación personal de los productos del trabajo no deja ningún excedente con el que ordenar el trabajo de otros

Такова лично присвояване на продуктите на труда не оставя излишък, с който да се командва трудът на другите

Lo único que queremos eliminar es el carácter miserable de esta apropiación

Всичко, което искаме да премахнем, е мизерният характер на това присвояване

la apropiación bajo la cual vive el obrero sólo para aumentar el capital

присвояването, с което работникът живее само за да увеличи капитала

Sólo se le permite vivir en la medida en que lo exija el interés de la clase dominante

Позволено му е да живее само дотолкова, доколкото интересите на управляващата класа го изискват

En la sociedad burguesa, el trabajo vivo no es más que un medio para aumentar el trabajo acumulado

В буржоазното общество живият труд е само средство за увеличаване на натрупания труд

En la sociedad comunista, el trabajo acumulado no es más que un medio para ampliar, para enriquecer y para promover la existencia del obrero

В комунистическото общество натрупаният труд е само средство за разширяване, обогатяване, подпомагане на съществуването на работника

En la sociedad burguesa, por lo tanto, el pasado domina al presente

Следователно в буржоазното общество миналото доминира над настоящето

en la sociedad comunista el presente domina al pasado

в комунистическото общество настоящето доминира над миналото

En la sociedad burguesa el capital es independiente y tiene individualidad

В буржоазното общество капиталът е независим и има индивидуалност

En la sociedad burguesa la persona viva es dependiente y no tiene individualidad

В буржоазното общество живият човек е зависим и няма индивидуалност

¡Y la abolición de este estado de cosas es llamada por la burguesía, abolición de la individualidad y de la libertad!

И премахването на това състояние на нещата се нарича от буржоазията – премахване на индивидуалността и свободата!

¡Y con razón se llama la abolición de la individualidad y de la libertad!

И с право се нарича премахване на индивидуалността и свободата!

El comunismo aspira a la abolición de la individualidad burguesa

Комунизмът се стреми към премахване на индивидуалността на буржоазията

El comunismo pretende la abolición de la independencia burguesa

Комунизмът възнамерява да премахне независимостта на буржоазията

La libertad burguesa es, sin duda, a lo que aspira el comunismo

Свободата на буржоазията несъмнено е това, към което се стреми комунизмът

en las actuales condiciones de producción de la burguesía, la libertad significa libre comercio, libre venta y compra

при сегашните буржоазни условия на производство свободата означава свободна търговия, свободна продажба и покупка

Pero si desaparece la venta y la compra, también desaparece la libre venta y la compra

Но ако продажбата и покупката изчезнат, свободните продажби и покупки също изчезват

Las "palabras valientes" de la burguesía sobre la libre venta y compra sólo tienen sentido en un sentido limitado

"смелите думи" на буржоазията за свободна продажба и покупка имат само ограничен смисъл

Estas palabras tienen significado solo en contraste con la venta y la compra restringidas

Тези думи имат значение само в контраст с ограничената продажба и покупка

y estas palabras sólo tienen sentido cuando se aplican a los comerciantes encadenados de la Edad Media

и тези думи имат значение само когато се прилагат към окованите търговци от Средновековието

y eso supone que estas palabras incluso tienen un significado en un sentido burgués

и това предполага, че тези думи дори имат значение в буржоазен смисъл

pero estas palabras no tienen ningún significado cuando se usan para oponerse a la abolición comunista de la compra y venta

но тези думи нямат никакво значение, когато се използват за противопоставяне на комунистическото премахване на покупко-продажбата

las palabras no tienen sentido cuando se usan para oponerse a la abolición de las condiciones de producción de la burguesía

думите нямат никакво значение, когато се използват за противопоставяне на буржоазните условия на производство

y no tienen ningún sentido cuando se utilizan para oponerse a la abolición de la propia burguesía

и те нямат никакъв смисъл, когато се използват, за да се противопоставят на премахването на самата буржоазия

Ustedes están horrorizados de nuestra intención de acabar con la propiedad privada

Ужасени сте от намерението ни да премахнем частната собственост

Pero en la sociedad actual, la propiedad privada ya ha sido eliminada para las nueve décimas partes de la población

Но във вашето съществуващо общество частната собственост вече е премахната за девет десети от населението

La existencia de la propiedad privada para unos pocos se debe únicamente a su inexistencia en manos de las nueve décimas partes de la población

Съществуването на частна собственост за малцина се дължи единствено на несъществуването й в ръцете на девет десети от населението

Por lo tanto, nos reprochas que pretendamos acabar con una forma de propiedad

Затова ни упреквате, че възнамерявате да премахнем някаква форма на собственост

Pero la propiedad privada requiere la inexistencia de propiedad alguna para la inmensa mayoría de la sociedad

но частната собственост изисква несъществуването на каквато и да е собственост за огромното мнозинство от обществото

En una palabra, nos reprochas que pretendamos acabar con tu propiedad

С една дума, вие ни упреквате, че възнамерявате да премахнем имуществото ви

Y es precisamente así; prescindir de su propiedad es justo lo que pretendemos

И точно така; премахването на вашето имущество е точно това, което възнамеряваме

Desde el momento en que el trabajo ya no puede convertirse en capital, dinero o renta

От момента, в който трудът вече не може да бъде превърнат в капитал, пари или рента

cuando el trabajo ya no puede convertirse en un poder social capaz de ser monopolizado

когато трудът вече не може да бъде превърнат в обществена сила, която може да бъде монополизирана

desde el momento en que la propiedad individual ya no puede transformarse en propiedad burguesa

от момента, в който индивидуалната собственост вече не може да бъде преобразувана в буржоазна собственост

desde el momento en que la propiedad individual ya no puede transformarse en capital

от момента, в който индивидуалната собственост вече не може да бъде превърната в капитал

A partir de ese momento, dices que la individualidad se desvanece

От този момент казвате, че индивидуалността изчезва

Debéis confesar, pues, que por "individuo" no os referimos a otra persona que a la burguesía

Затова трябва да признаете, че под "индивид" не разбирате нищо друго, освен буржоазията

Debes confesar que se refiere específicamente al propietario de una propiedad de clase media

Трябва да признаете, че това се отнася конкретно за собственика на собственост от средната класа

Esta persona debe, en verdad, ser barrida del camino, y hecha imposible

Този човек наистина трябва да бъде пометен от пътя и да стане невъзможен

El comunismo no priva a ningún hombre del poder de apropiarse de los productos de la sociedad

Комунизмът не лишава никого от властта да присвоява продуктите на обществото

todo lo que hace el comunismo es privarlo del poder de subyugar el trabajo de otros por medio de tal apropiación

всичко, което комунизмът прави, е да го лиши от властта да подчини труда на другите чрез такова присвояване

Se ha objetado que, tras la abolición de la propiedad privada, cesará todo trabajo

Възразява се, че след премахването на частната собственост всяка работа ще спре

y entonces se sugiere que la pereza universal se apoderará de nosotros

и тогава се предполага, че всеобщият мързел ще ни застигне

De acuerdo con esto, la sociedad burguesa debería haber ido hace mucho tiempo a los perros por pura ociosidad

Според това буржоазното общество отдавна е трябвало да отиде при кучетата чрез чисто безделие

porque los de sus miembros que trabajan, no adquieren nada

защото онези от нейните членове, които работят, не придобиват нищо

y los de sus miembros que adquieren algo, no trabajan

а онези от нейните членове, които придобиват нещо, не работят

Toda esta objeción no es más que otra expresión de la tautología

Цялото това възражение е само още един израз на тавтологията

Ya no puede haber trabajo asalariado cuando ya no hay capital

не може вече да има наемен труд, когато вече няма капитал

No hay diferencia entre los productos materiales y los productos mentales

Няма разлика между материални продукти и умствени продукти

El comunismo propone que ambos se producen de la misma manera

комунизмът предлага и двете да се произвеждат по един и същи начин

pero las objeciones contra los modos comunistas de producirlos son las mismas

но възраженията срещу комунистическите начини на тяхното производство са едни и същи

para la burguesía, la desaparición de la propiedad de clase es la desaparición de la producción misma

за буржоазията изчезването на класовата собственост е изчезване на самото производство

De modo que la desaparición de la cultura de clase es para él idéntica a la desaparición de toda cultura

така че изчезването на класовата култура за него е идентично с изчезването на цялата култура

Esa cultura, cuya pérdida lamenta, es para la inmensa mayoría un mero entrenamiento para actuar como una máquina

Тази култура, за загубата на която той се оплаква, за огромното мнозинство е просто обучение да действа като машина

Los comunistas tienen la firme intención de abolir la cultura de la propiedad burguesa

Комунистите силно възнамеряват да премахнат културата на буржоазната собственост

Pero no discutan con nosotros mientras apliquen el estándar de sus nociones burguesas de libertad, cultura, ley, etc

Но не спорете с нас, докато прилагате стандарта на вашите буржоазни представи за свобода, култура, право и т.н

Vuestras mismas ideas no son más que el resultado de las condiciones de la producción burguesa y de la propiedad burguesa

Самите Ваши идеи са само резултат от условията на Вашето буржоазно производство и буржоазна собственост

del mismo modo que vuestra jurisprudencia no es más que la voluntad de vuestra clase convertida en ley para todos

точно както вашата юриспруденция е само волята на вашата класа, превърната в закон за всички

El carácter esencial y la dirección de esta voluntad están determinados por las condiciones económicas que crea su clase social

Същността и посоката на тази воля се определят от икономическите условия, които вашата социална класа създава

El concepto erróneo egoísta que te induce a transformar las formas sociales en leyes eternas de la naturaleza y de la razón

Егоистичното погрешно схващане, което ви подтиква да превръщате социалните форми във вечни закони на природата и разума

las formas sociales que brotan de vuestro actual modo de producción y de vuestra forma de propiedad

социалните форми, произтичащи от сегашния ви начин на производство и форма на собственост

relaciones históricas que surgen y desaparecen en el progreso de la producción

исторически отношения, които се издигат и изчезват в хода на производството

Este concepto erróneo lo compartes con todas las clases dominantes que te han precedido

Това погрешно схващане споделяте с всяка управляваща класа, която ви е предшествала

Lo que se ve claramente en el caso de la propiedad antigua, lo que se admite en el caso de la propiedad feudal

Какво виждате ясно в случая с древната собственост, какво допускате в случая с феодалната собственост

estas cosas, por supuesto, le está prohibido admitir en el caso de su propia forma burguesa de propiedad

тези неща, разбира се, ви е забранено да допускате в случая на вашата собствена буржоазна форма на собственост

¡Abolición de la familia! Hasta los más radicales estallan ante esta infame propuesta de los comunistas

Премахване на семейството! Дори и най-радикалните пламват от това позорно предложение на комунистите

¿Sobre qué base se asienta la familia actual, la familia Bourgeoisie?

На каква основа се основава сегашното семейство, буржоазното семейство?

La base de la familia actual se basa en el capital y la ganancia privada

Основаването на настоящото семейство се основава на капитал и частна печалба

En su forma completamente desarrollada, esta familia sólo existe entre la burguesía

В своята напълно развита форма това семейство съществува само сред буржоазията

Este estado de cosas encuentra su complemento en la ausencia práctica de la familia entre los proletarios

Това състояние на нещата намира своето допълнение в практическото отсъствие на семейството сред пролетариите

Este estado de cosas se puede encontrar en la prostitución pública

Това състояние на нещата може да се намери в обществената проституция

La familia Bourgeoisie se desvanecerá como algo natural cuando su complemento se desvanezca

Буржоазното семейство ще изчезне като нещо естествено, когато неговото допълнение изчезне

y ambos se desvanecerán con la desaparición del capital

и двете ще изчезнат с изчезването на капитала

¿Nos acusan de querer detener la explotación de los niños por parte de sus padres?

Обвинявате ли ни, че искаме да спрем експлоатацията на деца от техните родители?

De este crimen nos declaramos culpables

За това престъпление ние се признаваме за виновни

Pero, dirás, destruimos la más sagrada de las relaciones, cuando reemplazamos la educación en el hogar por la educación social

Но, ще кажете, ние разрушаваме най-свещените отношения, когато заменяме домашното възпитание със социално възпитание

¿No es también social su educación? ¿Y no está determinado por las condiciones sociales en las que se educa?

Вашето образование не е ли и социално? И не се ли определя от социалните условия, при които възпитавате?

por la intervención, directa o indirecta, de la sociedad, por medio de las escuelas, etc.

чрез пряка или косвена намеса на обществото, чрез училищата и т.н.

Los comunistas no han inventado la intervención de la sociedad en la educación

Комунистите не са измислили намесата на обществото в образованието

lo único que pretenden es alterar el carácter de esa intervención

те само се стремят да променят характера на тази намеса

y buscan rescatar la educación de la influencia de la clase dominante

и се стремят да спасят образованието от влиянието на управляващата класа

La burguesía habla de la sagrada correlación entre padres e hijos

Буржоазията говори за свещеното съотношение между родител и дете

pero esta trampa sobre la familia y la educación se vuelve aún más repugnante cuando miramos a la industria moderna

но този капан за семейството и образованието става още по-отвратителен, когато погледнем модерната индустрия

Todos los lazos familiares entre los proletarios son desgarrados por la industria moderna

Всички семейни връзки между пролетариите са разкъсани от съвременната индустрия

Sus hijos se transforman en simples artículos de comercio e instrumentos de trabajo

децата им се превръщат в прости предмети на търговията и инструменти на труда

Pero vosotros, los comunistas, creáis una comunidad de mujeres, grita a coro toda la burguesía

Но вие, комунистите, бихте създали общност от жени, крещи цялата буржоазия в хор

La burguesía ve en su mujer un mero instrumento de producción

Буржоазията вижда в жена си просто инструмент за производство

Oye que los instrumentos de producción deben ser explotados por todos

Той чува, че инструментите за производство трябва да бъдат експлоатирани от всички

Y, naturalmente, no puede llegar a otra conclusión que la de que la suerte de ser común a todos recaerá igualmente en las mujeres

и, естествено, той не може да стигне до друго заключение, освен че съдбата да бъде обща за всички също ще се падне на жените

Ni siquiera sospecha que el verdadero objetivo es acabar con la condición de la mujer como meros instrumentos de producción

Той дори не подозира, че истинският смисъл е да се премахне статутът на жените като обикновени инструменти за производство

Por lo demás, nada es más ridículo que la virtuosa indignación de nuestra burguesía contra la comunidad de mujeres

За останалото нищо не е по-смешно от добродетелното възмущение на нашата буржоазия срещу общността на жените

pretenden que sea abierta y oficialmente establecida por los comunistas

те се преструват, че тя трябва да бъде открито и официално установена от комунистите

Los comunistas no tienen necesidad de introducir la comunidad de mujeres, ha existido casi desde tiempos inmemoriales

Комунистите нямат нужда да въвеждат общност на жените, тя съществува почти от незапомнени времена

Nuestra burguesía no se contenta con tener a su disposición a las mujeres e hijas de sus proletarios

Нашата буржоазия не се задоволява с това, че има на разположение жените и дъщерите на своите пролетарии

Tienen el mayor placer en seducir a las esposas de los demás

те изпитват най-голямо удоволствие да съблазняват жените си

Y eso sin hablar de las prostitutas comunes

и това дори не става дума за обикновените проститутки

El matrimonio burgués es en realidad un sistema de esposas en común

Буржоазният брак в действителност е система от общи съпруги

entonces hay una cosa que se podría reprochar a los comunistas

тогава има едно нещо, в което комунистите биха могли да бъдат упрекнати

Desean introducir una comunidad de mujeres abiertamente legalizada

Те желаят да въведат открито легализирана общност от жени

en lugar de una comunidad de mujeres hipócritamente oculta

а не лицемерно прикрита общност от жени

la comunidad de mujeres que surgen del sistema de producción

общността на жените, произтичаща от системата на производство

abolid el sistema de producción y abolid la comunidad de mujeres

Премахване на производствената система и премахване на общността на жените

Se suprime la prostitución pública y la prostitución privada

Премахва се както публичната проституция, така и частната проституция

A los comunistas se les reprocha, además, que desean abolir los países y las nacionalidades

Комунистите са още по-упреквани, че искат да премахнат държави и националности

Los trabajadores no tienen patria, así que no podemos quitarles lo que no tienen

Работниците нямат държава, затова не можем да им вземем това, което те нямат

El proletariado debe, ante todo, adquirir la supremacía política

пролетариатът трябва преди всичко да придобие политическо надмощие

El proletariado debe elevarse para ser la clase dirigente de la nación

пролетариатът трябва да се издигне до водеща класа на нацията

El proletariado debe constituirse en la nación

пролетариатът трябва да конституира себе си като нация

es, hasta ahora, nacional, aunque no en el sentido burgués de la palabra

засега тя сама по себе си е национална, макар и не в буржоазния смисъл на думата

Las diferencias nacionales y los antagonismos entre los pueblos desaparecen cada día más

Националните различия и антагонизми между народите с всеки изминал ден изчезват все повече и повече

debido al desarrollo de la burguesía, a la libertad de comercio, al mercado mundial

благодарение на развитието на буржоазията, на свободата на търговията, на световния пазар

a la uniformidad en el modo de producción y en las condiciones de vida correspondientes

еднаквост на начина на производство и на съответните му условия на живот

La supremacía del proletariado hará que desaparezcan aún más rápidamente

Върховенството на пролетариата ще ги накара да изчезнат още по-бързо

La acción unida, al menos de los principales países civilizados, es una de las primeras condiciones para la emancipación del proletariado

Обединените действия, поне на водещите цивилизовани страни, са едно от първите условия за освобождението на пролетариата

En la medida en que se ponga fin a la explotación de un individuo por otro, también se pondrá fin a la explotación de una nación por otra.

Доколкото се прекратява експлоатацията на един индивид от друг, ще бъде прекратена и експлоатацията на една нация от друга.

A medida que desaparezca el antagonismo entre las clases dentro de la nación, la hostilidad de una nación hacia otra llegará a su fin

В степента, в която антагонизмът между класите в нацията изчезне, враждебността на една нация към друга ще приключи

Las acusaciones contra el comunismo hechas desde un punto de vista religioso, filosófico y, en general, ideológico, no merecen un examen serio

Обвиненията срещу комунизма, отправени от религиозна, философска и изобщо идеологическа гледна точка, не заслужават сериозно изследване

¿Se requiere una intuición profunda para comprender que las ideas, puntos de vista y concepciones del hombre cambian con cada cambio en las condiciones de su existencia material?

Изисква ли се дълбока интуиция, за да се разбере, че идеите, възгледите и концепциите на човека се променят с всяка промяна в условията на неговото материално съществуване?

¿No es obvio que la conciencia del hombre cambia cuando cambian sus relaciones sociales y su vida social?

Не е ли очевидно, че съзнанието на човека се променя, когато се променят неговите обществени отношения и неговият обществен живот?

¿Qué otra cosa prueba la historia de las ideas sino que la producción intelectual cambia de carácter a medida que cambia la producción material?

Какво друго доказва историята на идеите, освен че интелектуалното производство променя своя характер пропорционално на промяната на материалното производство?

Las ideas dominantes de cada época han sido siempre las ideas de su clase dominante

Управляващите идеи на всяка епоха винаги са били идеите на нейната управляваща класа

Cuando se habla de ideas que revolucionan la sociedad, no hace más que expresar un hecho

Когато хората говорят за идеи, които революционизират обществото, те изразяват само един факт

Dentro de la vieja sociedad, se han creado los elementos de una nueva

В старото общество са създадени елементите на ново общество

y que la disolución de las viejas ideas sigue el mismo ritmo que la disolución de las viejas condiciones de existencia

и че разпадането на старите идеи върви в крак с разпадането на старите условия на съществуване

Cuando el mundo antiguo estaba en sus últimos estertores, las religiones antiguas fueron vencidas por el cristianismo

Когато древният свят е в последните си агонии, древните религии са победени от християнството

Cuando las ideas cristianas sucumbieron en el siglo XVIII a las ideas racionalistas, la sociedad feudal libró su batalla a muerte contra la burguesía revolucionaria de entonces

Когато християнските идеи се поддават през 18 век на рационалистическите идеи, феодалното общество води смъртната си битка с тогавашната революционна буржоазия

Las ideas de la libertad religiosa y de la libertad de conciencia no hacían más que expresar el dominio de la libre competencia en el dominio del conocimiento

Идеите за религиозна свобода и свобода на съвестта просто дадоха израз на влиянието на свободната конкуренция в областта на знанието

"Indudablemente", se dirá, "las ideas religiosas, morales, filosóficas y jurídicas se han modificado en el curso del desarrollo histórico"

"Несъмнено", ще се каже, "религиозните, моралните, философските и юридическите идеи са били видоизменени в хода на историческото развитие"

"Pero la religión, la filosofía de la moral, la ciencia política y el derecho, sobrevivieron constantemente a este cambio"

"Но религията, моралната философия, политологията и правото постоянно оцеляват в тази промяна."

"También hay verdades eternas, como la Libertad, la Justicia, etc."

"Има и вечни истини, като Свобода, Справедливост и т.н."

"Estas verdades eternas son comunes a todos los estados de la sociedad"

"Тези вечни истини са общи за всички състояния на обществото"

"Pero el comunismo suprime las verdades eternas, suprime toda religión y toda moral"

"Но комунизмът премахва вечните истини, той премахва всяка религия и всеки морал"

"Lo hace en lugar de constituirlos sobre una nueva base"

"Прави това, вместо да ги конституира на нова основа"

"Por lo tanto, actúa en contradicción con toda la experiencia histórica pasada"

"следователно той действа в противоречие с целия минал исторически опит"

¿A qué se reduce esta acusación?

До какво се свежда това обвинение?

La historia de toda la sociedad pasada ha consistido en el desarrollo de antagonismos de clase

Историята на цялото минало общество се е състояла в развитието на класови противоположности

antagonismos que asumieron diferentes formas en diferentes épocas

антагонизми, които са приемали различни форми в различни епохи

Pero cualquiera que sea la forma que hayan tomado, un hecho es común a todas las épocas pasadas

Но каквато и форма да са приели, един факт е общ за всички минали епохи

la explotación de una parte de la sociedad por la otra

експлоатацията на една част от обществото от друга

No es de extrañar, pues, que la conciencia social de épocas pasadas se mueva dentro de ciertas formas comunes o ideas generales

Затова не е чудно, че общественото съзнание на миналите епохи се движи в определени общи форми или общи идеи

(y eso a pesar de toda la multiplicidad y variedad que muestra)

(и това е въпреки цялото разнообразие и разнообразие, които показва)

y éstos no pueden desaparecer por completo sino con la desaparición total de los antagonismos de clase

и те не могат напълно да изчезнат, освен с пълното изчезване на класовите противоречия

La revolución comunista es la ruptura más radical con las relaciones tradicionales de propiedad

Комунистическата революция е най-радикалното разминаване на традиционните отношения на собственост

No es de extrañar que su desarrollo implique la ruptura más radical con las ideas tradicionales

Нищо чудно, че развитието му включва най-радикалното скъсване с традиционните идеи

Pero dejemos de lado las objeciones de la burguesía al comunismo

Но нека приключим с буржоазните възражения срещу комунизма

Hemos visto más arriba el primer paso de la revolución de la clase obrera

По-горе видяхме първата стъпка в революцията на работническата класа

Hay que elevar al proletariado a la posición de gobernante, para ganar la batalla de la democracia

пролетариатът трябва да бъде издигнат до позицията на управляващ, за да спечели битката за демокрация

El proletariado utilizará su supremacía política para arrebatar, poco a poco, todo el capital a la burguesía

Пролетариатът ще използва своето политическо превъзходство, за да изтръгне постепенно целия капитал от буржоазията

centralizará todos los instrumentos de producción en manos del Estado

тя ще централизира всички инструменти за производство в ръцете на държавата

En otras palabras, el proletariado organizado como clase dominante

С други думи, пролетариатът се организира като господстваща класа

y aumentará el total de las fuerzas productivas lo más rápidamente posible

и ще увеличи общата производителност на силите възможно най-бързо

Por supuesto, al principio, esto no puede llevarse a cabo sino por medio de incursiones despóticas en los derechos de propiedad

Разбира се, в началото това не може да се осъществи освен чрез деспотично посегателство върху правата на собственост

y tiene que lograrse en las condiciones de la producción burguesa

и това трябва да бъде постигнато в условията на буржоазното производство

Por lo tanto, se logra mediante medidas que parecen económicamente insuficientes e insostenibles

следователно то се постига чрез мерки, които изглеждат икономически недостатъчни и несъстоятелни

pero estos medios, en el curso del movimiento, se superan a sí mismos

но тези средства в хода на движението изпреварват самите себе си

Requieren nuevas incursiones en el viejo orden social

те налагат по-нататъшно навлизане в стария социален ред

y son ineludibles como medio de revolucionar por completo el modo de producción

и те са неизбежни като средство за пълно революционизиране на начина на производство

Por supuesto, estas medidas serán diferentes en los distintos países

Тези мерки, разбира се, ще бъдат различни в различните държави

Sin embargo, en los países más avanzados, lo siguiente será de aplicación bastante general

Въпреки това в най-напредналите страни следното ще бъде доста общо приложимо

1. Abolición de la propiedad de la tierra y aplicación de todas las rentas de la tierra a fines públicos.

1. Премахване на собствеността върху земята и прилагане на всички ренти върху земята за обществени нужди.

2. Un fuerte impuesto progresivo o gradual sobre la renta.

2. Тежък прогресивен или градуиран данък върху доходите.

3. Abolición de todo derecho de herencia.

3. Премахване на всяко право на наследство.

4. Confiscación de los bienes de todos los emigrantes y rebeldes.

4. Конфискация на имуществото на всички емигранти и бунтовници.

5. Centralización del crédito en manos del Estado, por medio de un banco nacional de capital estatal y monopolio exclusivo.

5. Централизиране на кредита в ръцете на държавата чрез национална банка с държавен капитал и изключителен монопол.

6. Centralización de los medios de comunicación y transporte en manos del Estado.

6. Централизиране на средствата за комуникация и транспорт в ръцете на държавата.

7. Ampliación de fábricas e instrumentos de producción propiedad del Estado

7. Разширяване на фабриките и инструментите за производство, собственост на държавата

la puesta en cultivo de tierras baldías y el mejoramiento del suelo en general de acuerdo con un plan común.

въвеждането в експлоатация на пустеещи земи и подобряването на почвата като цяло в съответствие с общ план.

8. Igual responsabilidad de todos hacia el trabajo

8. Еднаква отговорност на всички към труда

Establecimiento de ejércitos industriales, especialmente para la agricultura.

Създаване на индустриални армии, особено за селското стопанство.

9. Combinación de la agricultura con las industrias manufactureras

9. Съчетаване на селското стопанство с производствената промишленост

Abolición gradual de la distinción entre la ciudad y el campo, por una distribución más equitativa de la población en todo el país.

постепенно премахване на разграничението между град и село чрез по-равномерно разпределение на населението в страната.

10. Educación gratuita para todos los niños en las escuelas públicas.

10. Безплатно образование за всички деца в държавните училища.

Abolición del trabajo infantil en las fábricas en su forma actual

Премахване на детския фабричен труд в сегашния му вид

Combinación de la educación con la producción industrial

Комбинация от образование с промишлено производство

Cuando, en el curso del desarrollo, las distinciones de clase han desaparecido

Когато в хода на развитието си класовите различия са изчезнали

y cuando toda la producción se ha concentrado en manos de una vasta asociación de toda la nación

и когато цялото производство е съсредоточено в ръцете на огромно обединение на цялата нация

entonces el poder público perderá su carácter político

тогава публичната власт ще загуби политическия си характер

El poder político, propiamente dicho, no es más que el poder organizado de una clase para oprimir a otra

Политическата власт, както се нарича така, е просто организираната сила на една класа за потискане на друга

Si el proletariado, en su lucha contra la burguesía, se ve obligado, por la fuerza de las circunstancias, a organizarse como clase

Ако пролетариатът по време на своята борба с буржоазията е принуден по силата на обстоятелствата да се организира като класа

si, por medio de una revolución, se convierte en la clase dominante

ако чрез революция тя се превърне в господстваща класа

y, como tal, barre por la fuerza las viejas condiciones de producción

и като такъв, той помита със сила старите условия на производство

entonces, junto con estas condiciones, habrá barrido las condiciones para la existencia de los antagonismos de clase y de las clases en general

тогава заедно с тези условия тя ще помете условията за съществуване на класови противоречия и на класите изобщо

y con ello habrá abolido su propia supremacía como clase.

и по този начин ще премахне собственото си превъзходство като класа.

En lugar de la vieja sociedad burguesa, con sus clases y sus antagonismos de clase, tendremos una asociación

На мястото на старото буржоазно общество с неговите класи и класови противоположности ще имаме асоциация

una asociación en la que el libre desarrollo de cada uno sea la condición para el libre desarrollo de todos

сдружение, в което свободното развитие на всеки е условие за свободното развитие на всички

1) Socialismo reaccionario
1) Реакционен социализъм

a) Socialismo feudal
а) Феодален социализъм

las aristocracias de Francia e Inglaterra tenían una posición histórica única
аристокрациите на Франция и Англия имат уникално историческо положение

se convirtió en su vocación escribir panfletos contra la sociedad burguesa moderna
тяхно призвание стана да пишат памфлети срещу съвременното буржоазно общество

En la Revolución Francesa de julio de 1830 y en la agitación reformista inglesa
Във Френската революция от юли 1830 г. и в английската реформаторска агитация

Estas aristocracias sucumbieron de nuevo ante el odioso advenedizo
Тези аристокрации отново се поддадоха на новобранец

A partir de entonces, una contienda política seria quedó totalmente fuera de discusión
Оттук нататък за сериозно политическо състезание не можеше да става и дума

Todo lo que quedaba posible era una batalla literaria, no una batalla real
Всичко, което остава възможно, е литературна битка, а не истинска битка

Pero incluso en el dominio de la literatura, los viejos gritos del período de la restauración se habían vuelto imposibles
Но дори и в областта на литературата старите викове от реставрационния период са станали невъзможни

Para despertar simpatías, la aristocracia se vio obligada a perder de vista, aparentemente, sus propios intereses

За да предизвика симпатии, аристокрацията беше
принудена да изпусне от поглед, очевидно, собствените си
интереси

**y se vieron obligados a formular su acusación contra la
burguesía en interés de la clase obrera explotada**

и те бяха принудени да формулират своя обвинителен акт
срещу буржоазията в интерес на експлоатираната
работническа класа

Así, la aristocracia se vengó cantando sátiras a su nuevo amo

Така аристокрацията си отмъщава, като пее патрубки на
новия си господар

**y se vengaron susurrándole al oído siniestras profecías de
catástrofe venidera**

и те си отмъщаваха, като шепнеха в ушите му зловещи
пророчества за предстояща катастрофа

**De esta manera surgió el socialismo feudal: mitad
lamentación, mitad sátira**

Така възникна феодалният социализъм: наполовина плач,
наполовина пасмия

**Sonaba como medio eco del pasado y proyectaba mitad
amenaza del futuro**

Тя звъни като полуехо от миналото и проектираше
наполовина заплаха от бъдещето

**a veces, con su crítica amarga, ingeniosa e incisiva, golpeó a
la burguesía hasta la médula**

понякога, със своята горчива, остроумна и проницателна
критика, тя поразява буржоазията до сърцевината

**pero siempre fue ridículo en su efecto, por su total
incapacidad para comprender la marcha de la historia
moderna**

но тя винаги е била абсурдна в ефекта си, поради пълна
неспособност да се разбере хода на съвременната история

**La aristocracia, con el fin de atraer al pueblo hacia ellos,
agitaba la bolsa de limosnas proletaria delante como una
bandera**

Аристокрацията, за да сплоти народа към себе си, размаха пролетарската торба с милостиня отпред за знаме

Pero el pueblo, tan a menudo como se unía a ellos, veía en sus cuartos traseros los antiguos escudos de armas feudales

Но народът, толкова често, колкото се присъединяваше към тях, виждаше на задните си части старите феодални гербове

y desertaron con carcajadas ruidosas e irreverentes

и те напуснаха със силен и непочтителен смях

Un sector de los legitimistas franceses y de la "Joven Inglaterra" exhibió este espectáculo

Една част от френските легитимисти и "Млада Англия" показаха този спектакъл

los feudales señalaban que su modo de explotación era diferente al de la burguesía

феодалистите посочват, че техният начин на експлоатация е различен от този на буржоазията

Los feudales olvidan que explotaron en circunstancias y condiciones muy diferentes

феодалистите забравят, че са експлоатирали при съвсем различни обстоятелства и условия.

Y no se dieron cuenta de que tales métodos de explotación ahora son anticuados

и те не забелязаха, че такива методи на експлоатация вече са остарели

demostraron que, bajo su gobierno, el proletariado moderno nunca existió

те показаха, че при тяхно управление съвременният пролетариат никога не е съществувал

pero olvidan que la burguesía moderna es el vástago necesario de su propia forma de sociedad

но те забравят, че съвременната буржоазия е необходимото потомство на тяхната собствена форма на общество

Por lo demás, apenas ocultan el carácter reaccionario de su crítica

В останалото те едва ли прикриват реакционния характер на своята критика

su principal acusación contra la burguesía es la siguiente

главното им обвинение срещу буржоазията се свежда до следното

bajo el régimen de la burguesía se está desarrollando una clase social

при буржоазния режим се развива социална класа

Esta clase social está destinada a cortar de raíz el viejo orden de la sociedad

Тази социална класа е предопределена да отсече корените и да разклони стария обществен ред

Lo que reprochan a la burguesía no es tanto que cree un proletariado

Това, за което те упрекват буржоазията, не е толкова това, че тя създава пролетариат

lo que reprochan a la burguesía es más bien que crea un proletariado revolucionario

това, с което те упрекват буржоазията, е нещо повече, че тя създава революционен пролетариат

En la práctica política, por lo tanto, se unen a todas las medidas coercitivas contra la clase obrera

Затова в политическата практика те се присъединяват към всички принудителни мерки срещу работническата класа

Y en la vida ordinaria, a pesar de sus frases altisonantes, se inclinan a recoger las manzanas de oro que caen del árbol de la industria

И в обикновения живот, въпреки високите си фрази, те се навеждат да вземат златните ябълки, паднали от дървото на индустрията

y trocan la verdad, el amor y el honor por el comercio de lana, azúcar de remolacha y aguardiente de patata

и разменят истината, любовта и честта за търговия с вълна, цвекло, захар и картофени спиртни напитки

Así como el párroco ha ido siempre de la mano con el terrateniente, así también lo ha hecho el socialismo clerical con el socialismo feudal

Както свещеникът винаги е вървял ръка за ръка с земевладелеца, така и духовният социализъм с феодалния социализъм

Nada es más fácil que dar al ascetismo cristiano un tinte socialista

Нищо не е по-лесно от това да придадем на християнския аскетизъм социалистически оттенък

¿No ha declamado el cristianismo contra la propiedad privada, contra el matrimonio, contra el Estado?

Не е ли християнството декламирало срещу частната собственост, срещу брака, срещу държавата?

¿No ha predicado el cristianismo en lugar de estos, la caridad y la pobreza?

Не проповядва ли християнството на мястото на тях милосърдие и бедност?

¿Acaso el cristianismo no predica el celibato y la mortificación de la carne, la vida monástica y la Madre Iglesia?

Не проповядва ли християнството безбрачие и умъртвяване на плътта, монашеския живот и Майката Църква?

El socialismo cristiano no es más que el agua bendita con la que el sacerdote consagra los ardores del corazón del aristócrata

Християнският социализъм е само светената вода, с която свещеникът освещава изгарянето на сърцето на аристократа

b) Socialismo pequeñoburgués
б) Дребнобуржоазен социализъм

La aristocracia feudal no fue la única clase arruinada por la burguesía
Феодалната аристокрация не е единствената класа, която е разрушена от буржоазията
no fue la única clase cuyas condiciones de existencia languidecieron y perecieron en la atmósfera de la sociedad burguesa moderna
това не беше единствената класа, чиито условия на съществуване тъгуваха и загиваха в атмосферата на съвременното буржоазно общество
Los burgueses medievales y los pequeños propietarios campesinos fueron los precursores de la burguesía moderna
Средновековните граждани и дребните селски собственици са предшественици на съвременната буржоазия
En los países poco desarrollados, industrial y comercialmente, estas dos clases siguen vegetando una al lado de la otra
В онези страни, които са слабо развити в промишлено и търговско отношение, тези две класи все още растат една до друга
y mientras tanto la burguesía se levanta junto a ellos: industrial, comercial y políticamente
а междувременно буржоазията се надига до тях: индустриално, търговско и политическо
En los países donde la civilización moderna se ha desarrollado plenamente, se ha formado una nueva clase de pequeña burguesía
В страните, където съвременната цивилизация е напълно развита, се формира нова класа на дребната буржоазия
esta nueva clase social fluctúa entre el proletariado y la burguesía

тази нова социална класа се колебае между пролетариата
и буржоазията

**y siempre se renueva como parte complementaria de la
sociedad burguesa**

и непрекъснато се обновява като допълваща част от
буржоазното общество

**Sin embargo, los miembros individuales de esta clase son
constantemente arrojados al proletariado**

Отделните членове на тази класа обаче непрекъснато се
хвърлят в пролетариата

**son absorbidos por el proletariado a través de la acción de la
competencia**

те са засмукани от пролетариата чрез действието на
конкуренцията

**A medida que la industria moderna se desarrolla, incluso
ven acercarse el momento en que desaparecerán por
completo como sección independiente de la sociedad
moderna**

С развитието на съвременната индустрия те дори виждат
момента, в който напълно ще изчезнат като независима
част от съвременното общество

**Serán reemplazados, en las manufacturas, la agricultura y el
comercio, por vigilantes, alguaciles y tenderos**

те ще бъдат заменени в манифактурите, селското
стопанство и търговията от надзиратели, съдебни
изпълнители и търговци

**En países como Francia, donde los campesinos constituyen
mucho más de la mitad de la población**

В страни като Франция, където селяните съставляват
много повече от половината от населението

**era natural que hubiera escritores que se pusieran del lado
del proletariado contra la burguesía**

естествено е, че има писатели, които са на страната на
пролетариата срещу буржоазията

**en su crítica al régimen burgués utilizaron el estandarte de la
pequeña burguesía campesina**

в своята критика на буржоазния режим те използваха стандарта на селската и дребнобуржоазията

Y desde el punto de vista de estas clases intermedias, toman el garrote de la clase obrera

и от гледна точка на тези междинни класи те поемат тоягите за работническата класа

Así surgió el socialismo pequeñoburgués, del que Sismondi era el jefe de esta escuela, no sólo en Francia, sino también en Inglaterra

Така възниква дребнобуржоазният социализъм, на който Сисмонди е ръководител на тази школа не само във Франция, но и в Англия

Esta escuela del socialismo diseccionó con gran agudeza las contradicciones de las condiciones de producción moderna

Тази социалистическа школа с голяма острота анализира противоречията в условията на съвременното производство

Esta escuela puso al descubierto las apologías hipócritas de los economistas

Това училище разкри лицемерните извинения на икономистите

Esta escuela demostró, incontrovertiblemente, los efectos desastrosos de la maquinaria y de la división del trabajo

Тази школа доказа неоспоримо пагубните последици от машините и разделението на труда

Probó la concentración del capital y de la tierra en pocas manos

това доказва концентрацията на капитал и земя в няколко ръце

demostró cómo la sobreproducción conduce a las crisis de la burguesía

той доказа как свръхпроизводството води до буржоазни кризи

señalaba la ruina inevitable de la pequeña burguesía y del campesino

той посочва неизбежната гибел на дребната буржоазия и селяни

la miseria del proletariado, la anarquía en la producción, las desigualdades flagrantes en la distribución de la riqueza

мизерията на пролетариата, анархията в производството, крещящите неравенства в разпределението на богатството

Mostró cómo el sistema de producción lidera la guerra industrial de exterminio entre naciones

Тя показа как производствената система води индустриалната война на изтребление между нациите

la disolución de los viejos lazos morales, de las viejas relaciones familiares, de las viejas nacionalidades

разпадането на старите морални връзки, на старите семейни отношения, на старите националности

Sin embargo, en sus objetivos positivos, esta forma de socialismo aspira a lograr una de dos cosas

В своите положителни цели обаче тази форма на социализъм се стреми да постигне едно от двете неща

o bien pretende restaurar los antiguos medios de producción y de intercambio

или има за цел да възстанови старите средства за производство и размяна

y con los viejos medios de producción restauraría las viejas relaciones de propiedad y la vieja sociedad

и със старите средства за производство ще възстанови старите отношения на собственост и старото общество

o pretende apretar los medios modernos de producción e intercambio en el viejo marco de las relaciones de propiedad

или има за цел да стесне съвременните средства за производство и размяна в старите рамки на отношенията на собственост

En cualquier caso, es a la vez reaccionario y utópico

И в двата случая тя е едновременно реакционна и утопична

Sus últimas palabras son: gremios corporativos para la manufactura, relaciones patriarcales en la agricultura

Последните му думи са: корпоративни гилдии за производство, патриархални отношения в селското стопанство

En última instancia, cuando los obstinados hechos históricos habían dispersado todos los efectos embriagadores del autoengaño

В крайна сметка, когато упоритите исторически факти разпръснаха всички опияняващи ефекти на самозаблудата

esta forma de socialismo terminó en un miserable ataque de lástima

тази форма на социализъм завърши с жалък пристъп на съжаление

c) Socialismo alemán o "verdadero"

в) немски или "истински" социализъм

La literatura socialista y comunista de Francia se originó bajo la presión de una burguesía en el poder

Социалистическата и комунистическата литература на Франция възниква под натиска на буржоазията на власт

Y esta literatura era la expresión de la lucha contra este poder

и тази литература беше израз на борбата срещу тази власт

se introdujo en Alemania en un momento en que la burguesía acababa de comenzar su lucha contra el absolutismo feudal

тя е въведена в Германия по време, когато буржоазията тъкмо е започнала състезанието си с феодалния абсолютизъм

Los filósofos alemanes, los aspirantes a filósofos y los beaux esprits, se apoderaron con avidez de esta literatura

Немските философи, бъдещи философи и красавици с нетърпение се възползваха от тази литература

pero olvidaron que los escritos emigraron de Francia a Alemania sin traer consigo las condiciones sociales francesas

но те забравят, че писанията са емигрирали от Франция в Германия, без да донесат френските социални условия

En contacto con las condiciones sociales alemanas, esta literatura francesa perdió toda su significación práctica inmediata

В контакт с германските социални условия тази френска литература губи цялото си непосредствено практическо значение

y la literatura comunista de Francia asumió un aspecto puramente literario en los círculos académicos alemanes

а комунистическата литература на Франция придобива чисто литературен аспект в германските академични кръгове

Así, las exigencias de la primera Revolución Francesa no eran más que las exigencias de la "Razón Práctica"

По този начин исканията на Първата френска революция не бяха нищо повече от искания на "практическия разум"

y la expresión de la voluntad de la burguesía revolucionaria francesa significaba a sus ojos la ley de la voluntad pura

и изричането на волята на революционната френска буржоазия означаваше в техните очи закона на чистата воля

significaba la Voluntad tal como estaba destinada a ser; de la verdadera Voluntad humana en general

то означаваше Волята такава, каквато трябваше да бъде; на истинската човешка воля като цяло

El mundo de los literatos alemanes consistía únicamente en armonizar las nuevas ideas francesas con su antigua conciencia filosófica

Светът на немските литератори се състоеше единствено в привеждането на новите френски идеи в хармония с тяхната древна философска съвест

o mejor dicho, se anexionaron las ideas francesas sin abandonar su propio punto de vista filosófico

или по-скоро те анексираха френските идеи, без да изоставят собствената си философска гледна точка

Esta anexión se llevó a cabo de la misma manera en que se apropia una lengua extranjera, es decir, por traducción

Това анексиране е извършено по същия начин, по който се присвоява чужд език, а именно чрез превод

Es bien sabido cómo los monjes escribieron vidas tontas de santos católicos sobre manuscritos

Добре известно е как монасите са писали глупави жития на католически светци върху ръкописи

los manuscritos sobre los que se habían escrito las obras clásicas del antiguo paganismo

ръкописите, върху които са написани класическите произведения на древното езичество

Los literatos alemanes invirtieron este proceso con la literatura profana francesa

Немските литератори обръщат този процес с профанната френска литература

Escribieron sus tonterías filosóficas bajo el original francés

Те написаха своите философски глупости под френския оригинал

Por ejemplo, debajo de la crítica francesa a las funciones económicas del dinero, escribieron "Alienación de la humanidad"

Например, под френската критика на икономическите функции на парите, те написаха "Отчуждение на човечеството"

debajo de la crítica francesa al Estado burgués escribieron "destronamiento de la categoría de general"

под френската критика на буржоазната държава те написаха "детрониране на категорията на генерала"

La introducción de estas frases filosóficas en el reverso de las críticas históricas francesas las denominó:

Въвеждането на тези философски фрази в гърба на френската историческа критика те наричат:

"Filosofía de la acción", "Socialismo verdadero", "Ciencia alemana del socialismo", "Fundamentos filosóficos del socialismo", etc

"Философия на действието", "Истински социализъм", "Немска наука за социализма", "Философска основа на социализма" и т.н

De este modo, la literatura socialista y comunista francesa quedó completamente castrada

По този начин френската социалистическа и комунистическа литература е напълно осакатена

en manos de los filósofos alemanes dejó de expresar la lucha de una clase con la otra

в ръцете на германските философи тя престана да изразява борбата на една класа с другата

y así los filósofos alemanes se sintieron conscientes de haber superado la "unilateralidad francesa"

и така немските философи се чувстваха съзнателни, че са преодолели "френската едностранчивост"

no tenía que representar requisitos verdaderos, sino que representaba requisitos de verdad

тя не трябва да представя истинските изисквания, а по-скоро представя изискванията за истина

no había interés en el proletariado, más bien, había interés en la Naturaleza Humana

нямаше интерес към пролетариата, по-скоро имаше интерес към човешката природа

el interés estaba en el Hombre en general, que no pertenece a ninguna clase y no tiene realidad

интересът беше към човека изобщо, който не принадлежи към никоя класа и няма реалност

Un hombre que sólo existe en el brumoso reino de la fantasía filosófica

човек, който съществува само в мъгливото царство на философската фантазия

pero con el tiempo este colegial socialismo alemán también perdió su inocencia pedante

но в крайна сметка този ученически немски социализъм също загуби своята педантична невинност

la burguesía alemana, y especialmente la burguesía prusiana, lucharon contra la aristocracia feudal

германската буржоазия и особено пруската буржоазия се борят срещу феодалната аристокрация

la monarquía absoluta de Alemania y Prusia también estaba siendo combatida

абсолютната монархия на Германия и Прусия също е била изправена срещу

Y a su vez, la literatura del movimiento liberal también se hizo más seria

и на свой ред литературата на либералното движение също става по-сериозна

Se le ofreció a Alemania la tan deseada oportunidad del "verdadero" socialismo

Отдавна желаната от Германия възможност за "истински" социализъм беше предложена

la oportunidad de confrontar al movimiento político con las reivindicaciones socialistas

възможността да се противопостави на политическото движение със социалистическите искания

la oportunidad de lanzar los anatemas tradicionales contra el liberalismo

възможността да се хвърлят традиционните анатеми срещу либерализма

la oportunidad de atacar al gobierno representativo y a la competencia burguesa

възможността да се атакува представителното правителство и буржоазната конкуренция

Libertad de prensa burguesa, Legislación burguesa, Libertad e igualdad burguesa

Буржоазия свобода на печата, буржоазно законодателство, буржоазия свобода и равенство

Todo esto ahora podría ser criticado en el mundo real, en lugar de en la fantasía

Всичко това вече може да бъде критикувано в реалния свят, а не във фантазията

La aristocracia feudal y la monarquía absoluta habían predicado durante mucho tiempo a las masas

феодалната аристокрация и абсолютната монархия отдавна проповядват на масите

"El obrero no tiene nada que perder y tiene todo que ganar"

"Работещият човек няма какво да губи и има всичко да спечели"

el movimiento burgués también ofrecía la oportunidad de hacer frente a estos tópicos

буржоазното движение също предлага шанс да се изправи срещу тези баналности

la crítica francesa presuponía la existencia de la sociedad burguesa moderna

френската критика предполага съществуването на съвременното буржоазно общество

Las condiciones económicas de existencia de la burguesía y la constitución política de la burguesía

Икономически условия на съществуване на буржоазията и политическа конституция на буржоазията

las mismas cosas cuya consecución era el objeto de la lucha pendiente en Alemania

същите неща, чието постижение беше обект на предстоящата борба в Германия

El estúpido eco del socialismo alemán abandonó estos objetivos justo a tiempo

Глупавото ехо на социализма в Германия изостави тези цели точно навреме

Los gobiernos absolutos tenían sus seguidores de párrocos, profesores, escuderos y funcionarios

Абсолютните правителства имаха своите последователи от свещеници, професори, провинциални оръженосци и служители

el gobierno de la época se enfrentó a los levantamientos de la clase obrera alemana con azotes y balas

тогавашното правителство посрещна въстанията на германската работническа класа с бичуване и куршуми

para ellos este socialismo servía de espantapájaros contra la burguesía amenazadora

за тях този социализъм служи като желано плашило срещу заплашителната буржоазия

y el gobierno alemán pudo ofrecer un postre dulce después de las píldoras amargas que repartió

и германското правителство успя да предложи сладък десерт след горчивите хапчета, които раздаде

este "verdadero" socialismo servía así a los gobiernos como arma para combatir a la burguesía alemana

този "истински" социализъм служи на правителствата
като оръжие за борба с германската буржоазия

**y, al mismo tiempo, representaba directamente un interés
reaccionario; la de los filisteos alemanes**

и в същото време тя пряко представляваше реакционен
интерес; това на германските филистимци

**En Alemania, la pequeña burguesía es la verdadera base
social del actual estado de cosas**

В Германия дребната буржоазия е действителната
социална основа на съществуващото състояние на нещата

**Una reliquia del siglo XVI que ha ido surgiendo
constantemente bajo diversas formas**

реликва от шестнадесети век, която непрекъснато се
появява под различни форми

**Preservar esta clase es preservar el estado de cosas existente
en Alemania**

Да се запази тази класа означава да се запази
съществуващото състояние на нещата в Германия

**La supremacía industrial y política de la burguesía amenaza
a la pequeña burguesía con una destrucción segura**

Индустриалното и политическо превъзходство на
буржоазията заплашва дребната буржоазия с неизбежно
унищожение

**por un lado, amenaza con destruir a la pequeña burguesía a
través de la concentración del capital**

от една страна, тя заплашва да унищожи дребната
буржоазия чрез концентрацията на капитала

**por otra parte, la burguesía amenaza con destruirla mediante
el ascenso de un proletariado revolucionario**

от друга страна, буржоазията заплашва да я унищожи
чрез възхода на революционния пролетариат

**El "verdadero" socialismo parecía matar estos dos pájaros de
un tiro. Se extendió como una epidemia**

"Истинският" социализъм изглежда убива тези два заека с
един куршум. Разпространи се като епидемия

El manto de telarañas especulativas, bordado con flores de
retórica, empapado en el rocío de un sentimiento enfermizo
Робата от спекулативни паяжини, бродирани с цветя на
реториката, потопени в росата на болезнените чувства
esta túnica trascendental en la que los socialistas alemanes
envolvían sus tristes "verdades eternas"
тази трансцендентална мантия, в която германските
социалисти обвиваха своите жалки "вечни истини"
toda la piel y los huesos, sirvieron para aumentar
maravillosamente la venta de sus productos entre un público
tan
цялата кожа и кости, послужили чудесно за увеличаване
на продажбите на техните стоки сред такава публика
Y por su parte, el socialismo alemán reconocía, cada vez más,
su propia vocación
И от своя страна германският социализъм все повече и
повече признаваше собственото си призвание
estaba llamado a ser el grandilocuente representante de la
pequeña burguesía filistea
той беше наречен да бъде бомбастичен представител на
дребнобуржоазната филистимска
Proclamaba que la nación alemana era la nación modelo, y
que el pequeño filisteo alemán era el hombre modelo
Той провъзгласява германската нация за образцова нация,
а германският дребен филистимец за образцов човек
A cada maldad malvada de este hombre modelo le daba una
interpretación socialista oculta y superior
На всяка подла подлост на този образцов човек тя дава
скрита, по-висша, социалистическа интерпретация
esta interpretación socialista superior era exactamente lo
contrario de su carácter real
това по-висше, социалистическо тълкуване беше точно
обратното на нейния действителен характер
Llegó al extremo de oponerse directamente a la tendencia
"brutalmente destructiva" del comunismo

Той стигна до крайност, за да се противопостави на
"брутално разрушителната" тенденция на комунизма
y proclamó su supremo e imparcial desprecio de todas las luchas de clases
и провъзгласи своето върховно и безпристрастно
презрение към всички класови борби
Con muy pocas excepciones, todas las publicaciones llamadas socialistas y comunistas que ahora (1847) circulan en Alemania pertenecen al dominio de esta literatura sucia y enervante
С много малки изключения, всички така наречени
социалистически и комунистически издания, които сега
(1847 г.) циркулират в Германия, принадлежат към
областта на тази мръсна и изтощителна литература

2) Socialismo conservador o socialismo burgués

2) Консервативен социализъм или буржоазен социализъм

Una parte de la burguesía está deseosa de reparar los agravios sociales

Част от буржоазията желае да поправи социалните оплаквания

con el fin de asegurar la continuidad de la sociedad burguesa

за да се осигури продължаването на съществуването на буржоазното общество

A esta sección pertenecen economistas, filántropos, humanistas

Към този раздел принадлежат икономисти, филантропи, хуманитаристи

mejoradores de la condición de la clase obrera y organizadores de la caridad

подобряват положението на работническата класа и организаторите на благотворителността

Miembros de las Sociedades para la Prevención de la Crueldad contra los Animales

членове на дружества за превенция на жестокостта към животните

fanáticos de la templanza, reformadores de todo tipo imaginable

фанатици на въздържанието, реформатори от всякакъв възможен вид

Esta forma de socialismo, además, ha sido elaborada en sistemas completos

Освен това тази форма на социализъм е разработена в цялостни системи

Podemos citar la "Philosophie de la Misère" de Proudhon como ejemplo de esta forma

Можем да цитираме "Philosophie de la Misère" на Прудон като пример за тази форма

La burguesía socialista quiere todas las ventajas de las condiciones sociales modernas

Социалистическата буржоазия иска всички предимства на съвременните социални условия

pero la burguesía socialista no quiere necesariamente las luchas y los peligros resultantes

но социалистическата буржоазия не иска непременно произтичащите от това борби и опасности

Desean el estado actual de la sociedad, menos sus elementos revolucionarios y desintegradores

Те желаят съществуващото състояние на обществото, без неговите революционни и разпадащи се елементи

en otras palabras, desean una burguesía sin proletariado

с други думи, те желаят буржоазия без пролетариат

La burguesía concibe naturalmente el mundo en el que es supremo ser el mejor

Буржоазията естествено си представя света, в който е най-висшето да бъде най-доброто

y el socialismo burgués desarrolla esta cómoda concepción en varios sistemas más o menos completos

и буржоазният социализъм развива тази удобна концепция в различни повече или по-малко завършени системи

les gustaría mucho que el proletariado marchara directamente hacia la Nueva Jerusalén social

те много биха искали пролетариатът веднага да влезе в социалния Нов Йерусалим

pero en realidad requiere que el proletariado permanezca dentro de los límites de la sociedad existente

но в действителност тя изисква пролетариатът да остане в рамките на съществуващото общество

piden al proletariado que abandone todas sus ideas odiosas sobre la burguesía

те искат от пролетариата да отхвърли всички свои мисли за буржоазията

hay una segunda forma más práctica, pero menos sistemática, de este socialismo

има и втора, по-практична, но по-малко систематична форма на този социализъм

Esta forma de socialismo buscaba despreciar todo movimiento revolucionario a los ojos de la clase obrera

Тази форма на социализъм се стреми да обезцени всяко революционно движение в очите на работническата класа

Argumentan que ninguna mera reforma política podría ser ventajosa para ellos

те твърдят, че никоя политическа реформа не може да им бъде от полза

Sólo un cambio en las condiciones materiales de existencia en las relaciones económicas es beneficioso

Само промяната в материалните условия на съществуване в икономическите отношения е от полза

Al igual que el comunismo, esta forma de socialismo aboga por un cambio en las condiciones materiales de existencia

Подобно на комунизма, тази форма на социализъм се застъпва за промяна на материалните условия на съществуване

sin embargo, esta forma de socialismo no sugiere en modo alguno la abolición de las relaciones de producción burguesas

но тази форма на социализъм съвсем не предполага премахване на буржоазните производствени отношения

la abolición de las relaciones de producción burguesas sólo puede lograrse mediante una revolución

премахването на буржоазните производствени отношения може да се постигне само чрез революция

Pero en lugar de una revolución, esta forma de socialismo sugiere reformas administrativas

Но вместо революция, тази форма на социализъм предполага административни реформи

y estas reformas administrativas se basarían en la continuidad de estas relaciones

и тези административни реформи ще се основават на продължаващото съществуване на тези отношения

reformas, por lo tanto, que no afectan en ningún aspecto a las relaciones entre el capital y el trabajo

реформи, които по никакъв начин не засягат отношенията между капитала и труда

en el mejor de los casos, tales reformas disminuyen el costo y simplifican el trabajo administrativo del gobierno burgués

в най-добрия случай такива реформи намаляват разходите и опростяват административната работа на буржоазното правителство

El socialismo burgués alcanza una expresión adecuada cuando, y sólo cuando, se convierte en una mera figura retórica

Буржоазният социализъм постига адекватен израз, когато и само когато се превърне в обикновена фигура на речта

Libre comercio: en beneficio de la clase obrera

Свободна търговия: в полза на работническата класа

Deberes protectores: en beneficio de la clase obrera

Защитни задължения: в полза на работническата класа

Reforma Penitenciaria: en beneficio de la clase trabajadora

Затворническа реформа: в полза на работническата класа

Esta es la última palabra y la única palabra seria del socialismo burgués

Това е последната дума и единствената сериозно замислена дума на буржоазния социализъм

Se resume en la frase: la burguesía es una burguesía en beneficio de la clase obrera

Тя е обобщена във фразата: буржоазията е буржоазия в полза на работническата класа

3) Socialismo crítico-utópico y comunismo
3) Критично-утопичен социализъм и комунизъм

No nos referimos aquí a esa literatura que siempre ha dado voz a las reivindicaciones del proletariado
Тук не се позоваваме на онази литература, която винаги е давала глас на исканията на пролетариата

esto ha estado presente en todas las grandes revoluciones modernas, como los escritos de Babeuf y otros
това присъства във всяка велика модерна революция, като писанията на Бабьоф и други

Las primeras tentativas directas del proletariado para alcanzar sus propios fines fracasaron necesariamente
Първите преки опити на пролетариата да постигне собствените си цели неизбежно се провалиха

Estos intentos se hicieron en tiempos de excitación universal, cuando la sociedad feudal estaba siendo derrocada
Тези опити бяха направени във времена на всеобщо вълнение, когато феодалното общество беше свалено

El entonces subdesarrollado del proletariado llevó a que fracasaran esos intentos
Тогава неразвитото състояние на пролетариата доведе до провал на тези опити

y fracasaron por la ausencia de las condiciones económicas para su emancipación
и те се провалиха поради липсата на икономически условия за нейното освобождение

condiciones que aún no se habían producido, y que sólo podían ser producidas por la inminente época de la burguesía
условия, които тепърва предстоеше да бъдат създадени и можеха да бъдат произведени само от настъпващата епоха на буржоазията

La literatura revolucionaria que acompañó a estos primeros movimientos del proletariado tuvo necesariamente un carácter reaccionario

Революционната литература, която съпровождаше тези първи движения на пролетариата, имаше по необходимост реакционен характер

Esta literatura inculcó el ascetismo universal y la nivelación social en su forma más cruda

Тази литература внушава универсален аскетизъм и социално изравняване в най-грубата му форма

Los sistemas socialista y comunista, propiamente dichos, surgen en el período temprano no desarrollado

Социалистическата и комунистическата системи, в собствения си текст, възникват в ранния неразвит период

Saint-Simon, Fourier, Owen y otros, describieron la lucha entre el proletariado y la burguesía (ver sección 1)

Сен-Симон, Фурие, Оуен и други описват борбата между пролетариата и буржоазията (виж раздел 1)

Los fundadores de estos sistemas ven, en efecto, los antagonismos de clase

Основателите на тези системи наистина виждат класовите антагонизми

también ven la acción de los elementos en descomposición, en la forma predominante de la sociedad

те също така виждат действието на разлагащите се елементи в преобладаващата форма на обществото

Pero el proletariado, todavía en su infancia, les ofrece el espectáculo de una clase sin ninguna iniciativa histórica

Но пролетариатът, все още в зародиш, им предлага спектакъла на класа без никаква историческа инициатива

Ven el espectáculo de una clase social sin ningún movimiento político independiente

те виждат спектакъла на социална класа без независимо политическо движение

El desarrollo del antagonismo de clase sigue el mismo ritmo que el desarrollo de la industria

Развитието на класовия антагонизъм върви в крак с
развитието на индустрията

**De modo que la situación económica no les ofrece todavía
las condiciones materiales para la emancipación del
proletariado**

така че икономическото положение все още не им
предлага материални условия за освобождение на
пролетариата

**Por lo tanto, buscan una nueva ciencia social, nuevas leyes
sociales, que creen estas condiciones**

Затова те търсят нова обществена наука, нови социални
закони, които да създадат тези условия

acción histórica es ceder a su acción inventiva personal

историческото действие е да се поддадат на личното си
изобретателско действие

**Las condiciones de emancipación creadas históricamente
han de ceder ante condiciones fantásticas**

Исторически създадените условия за еманципация трябва
да отстъпят пред фантастични условия

**y la organización gradual y espontánea de clase del
proletariado debe ceder ante la organización de la sociedad**

а постепенната, спонтанна класова организация на
пролетариата трябва да отстъпи пред организацията на
обществото

**la organización de la sociedad especialmente ideada por
estos inventores**

организацията на обществото, специално измислена от
тези изобретатели

**La historia futura se resuelve, a sus ojos, en la propaganda y
en la realización práctica de sus planes sociales**

Бъдещата история се превръща в техните очи в
пропагандата и практическото осъществяване на техните
социални планове

**En la formación de sus planes son conscientes de
preocuparse principalmente por los intereses de la clase
obrera**

При формирането на своите планове те съзнават, че се грижат главно за интересите на работническата класа

Sólo desde el punto de vista de ser la clase más sufriente existe el proletariado para ellos

Само от гледна точка на най-страдащата класа пролетариатът съществува за тях

El estado subdesarrollado de la lucha de clases y su propio entorno informan sus opiniones

Неразвитото състояние на класовата борба и собственото им обкръжение формират техните мнения

Los socialistas de este tipo se consideran muy superiores a todos los antagonismos de clase

Социалистите от този вид се смятат за много по-висши от всички класови антагонизми

Quieren mejorar la condición de todos los miembros de la sociedad, incluso la de los más favorecidos

Те искат да подобрят положението на всеки член на обществото, дори и на най-облагодетелстваните

De ahí que habitualmente atraigan a la sociedad en general, sin distinción de clase

Следователно те обикновено се обръщат към обществото като цяло, без разлика на класата

Es más, apelan a la sociedad en general con preferencia a la clase dominante

нещо повече, те се обръщат към обществото като цяло, като предпочитат управляващата класа

Para ellos, todo lo que se requiere es que los demás entiendan su sistema

за тях всичко, което се изисква, е другите да разберат тяхната система

Porque, ¿cómo puede la gente no ver que el mejor plan posible es para el mejor estado posible de la sociedad?

Защото как може хората да не виждат, че най-добрият възможен план е за възможно най-доброто състояние на обществото?

Por lo tanto, rechazan toda acción política, y especialmente
toda acción revolucionaria

Следователно те отхвърлят всички политически и особено
всички революционни действия

desean alcanzar sus fines por medios pacíficos

Те искат да постигнат целите си по мирен път

se esfuerzan, mediante pequeños experimentos, que están
necesariamente condenados al fracaso

те се опитват чрез малки експерименти, които по
необходимост са обречени на провал

y con la fuerza del ejemplo tratan de abrir el camino al
nuevo Evangelio social

и със силата на примера те се опитват да проправят пътя
за новото социално Евангелие

Cuadros tan fantásticos de la sociedad futura, pintados en un
momento en que el proletariado se encuentra todavía en un
estado muy subdesarrollado

Такива фантастични картини на бъдещото общество,
нарисувани във време, когато пролетариатът е все още в
много неразвито състояние

y todavía no tiene más que una concepción fantástica de su
propia posición

и все още има само фантастична представа за собственото
си положение

pero sus primeros anhelos instintivos corresponden a los
anhelos del proletariado

но техните първи инстинктивни копнежи съответстват на
копнежите на пролетариата

Ambos anhelan una reconstrucción general de la sociedad

и двамата копнеят за цялостно преустройство на
обществото

Pero estas publicaciones socialistas y comunistas también
contienen un elemento crítico

Но тези социалистически и комунистически публикации
съдържат и критичен елемент

Atacan todos los principios de la sociedad existente

Те атакуват всеки принцип на съществуващото общество

De ahí que estén llenos de los materiales más valiosos para la ilustración de la clase obrera

Затова те са пълни с най-ценни материали за просвещението на работническата класа

Proponen la abolición de la distinción entre la ciudad y el campo, y la familia

те предлагат премахване на разграничението между град и село и семейство

la supresión de la explotación de industrias por cuenta de los particulares

премахване на извършването на промишленост за сметка на частни лица

y la abolición del sistema salarial y la proclamación de la armonía social

и премахването на системата на заплатите и провъзгласяването на социална хармония

la conversión de las funciones del Estado en una mera superintendencia de la producción

превръщането на функциите на държавата в обикновен надзор на производството

Todas estas propuestas, apuntan únicamente a la desaparición de los antagonismos de clase

Всички тези предложения сочат единствено към изчезването на класовите противоречия

Los antagonismos de clase estaban, en ese momento, apenas surgiendo

По това време класовите антагонизми едва се появяват

En estas publicaciones estos antagonismos de clase se reconocen sólo en sus formas más tempranas, indistintas e indefinidas

В тези публикации тези класови противоречия се разпознават само в най-ранните, неясни и неопределени форми

Estas propuestas, por lo tanto, son de carácter puramente utópico

Следователно тези предложения са от чисто утопичен характер

La importancia del socialismo crítico-utópico y del comunismo guarda una relación inversa con el desarrollo histórico

Значението на критическо-утопичния социализъм и комунизма има обратна връзка с историческото развитие

La lucha de clases moderna se desarrollará y continuará tomando forma definitiva

Съвременната класова борба ще се развива и ще продължи да придобива определена форма

Esta fantástica posición del concurso perderá todo valor práctico

Това фантастично положение от състезанието ще загуби всякаква практическа стойност

Estos fantásticos ataques a los antagonismos de clase perderán toda justificación teórica

Тези фантастични атаки срещу класовите противоречия ще загубят всякаква теоретична обосновка

Los creadores de estos sistemas fueron, en muchos aspectos, revolucionarios

Създателите на тези системи бяха в много отношения революционни

pero sus discípulos han formado, en todos los casos, meras sectas reaccionarias

но техните ученици във всеки случай са формирали обикновени реакционни секти

Se aferran firmemente a los puntos de vista originales de sus amos

Те се придържат здраво към оригиналните възгледи на своите господари

Pero estos puntos de vista se oponen al desarrollo histórico progresivo del proletariado

но тези възгледи са в противоречие с прогресивното историческо развитие на пролетариата

Por lo tanto, se esfuerzan, y eso de manera consecuente, por amortiguar la lucha de clases

Затова те се стремят и то последователно да умъртвят класовата борба

y se esfuerzan constantemente por reconciliar los antagonismos de clase

и те последователно се стремят да примирят класовите противоречия

Todavía sueñan con la realización experimental de sus utopías sociales

Те все още мечтаят за експериментална реализация на своите социални утопии

todavía sueñan con fundar "falansterios" aislados y establecer "colonias domésticas"

те все още мечтаят да основават изолирани "фаланстери" и да създадат "домашни колонии"

sueñan con establecer una "Pequeña Icaria": ediciones duodécimas de la Nueva Jerusalén

те мечтаят да създадат "Малката Икария" – дуодецимо издания на Новия Йерусалим

y sueñan con realizar todos estos castillos en el aire

и мечтаят да реализират всички тези въздушни замъци

se ven obligados a apelar a los sentimientos y a las carteras de los burgueses

те са принудени да се обръщат към чувствата и кесиите на буржоазията

Poco a poco se hunden en la categoría de los socialistas conservadores reaccionarios descritos anteriormente

Постепенно те потъват в категорията на реакционните консервативни социалисти, описани по-горе

sólo se diferencian de ellos por una pedantería más sistemática

те се различават от тях само по по-систематична педантичност

y se diferencian por su creencia fanática y supersticiosa en los efectos milagrosos de su ciencia social

и те се различават по своята фанатична и суеверна вяра в чудотворните ефекти на тяхната социална наука

Por lo tanto, se oponen violentamente a toda acción política por parte de la clase obrera

Затова те яростно се противопоставят на всякакви политически действия от страна на работническата класа

tal acción, según ellos, sólo puede ser el resultado de una ciega incredulidad en el nuevo Evangelio

такива действия, според тях, могат да бъдат резултат само от сляпо неверие в новото Евангелие

Los owenistas en Inglaterra y los fourieristas en Francia, respectivamente, se oponen a los cartistas y a los reformistas

Оуенитите в Англия и фуриеристите във Франция, съответно, се противопоставят на чартистите и "реформистите"

Posición de los comunistas en relación con los diversos partidos de oposición existentes

Позиция на комунистите по отношение на различните съществуващи опозиционни партии

La sección II ha dejado claras las relaciones de los comunistas con los partidos obreros existentes

Раздел II изясни отношенията на комунистите със съществуващите партии на работническата класа

como los cartistas en Inglaterra y los reformadores agrarios en América

като чартистите в Англия и аграрните реформатори в Америка

Los comunistas luchan por el logro de los objetivos inmediatos

Комунистите се борят за постигане на непосредствените цели

Luchan por la imposición de los intereses momentáneos de la clase obrera

те се борят за налагане на моментните интереси на работническата класа

Pero en el movimiento político del presente, también representan y cuidan el futuro de ese movimiento

но в политическото движение на настоящето те също представляват и се грижат за бъдещето на това движение

En Francia, los comunistas se alían con los socialdemócratas

Във Франция комунистите се съюзяват със социалдемократите

y se posicionan contra la burguesía conservadora y radical

и те се противопоставят на консервативната и радикална буржоазия

sin embargo, se reservan el derecho de tomar una posición crítica respecto de las frases e ilusiones tradicionalmente transmitidas desde la gran Revolución

те обаче си запазват правото да заемат критична позиция по отношение на фразите и илюзиите, традиционно предавани от Великата революция

En Suiza apoyan a los radicales, sin perder de vista que este partido está formado por elementos antagónicos

В Швейцария те подкрепят радикалите, без да изпускат от поглед факта, че тази партия се състои от антагонистични елементи

en parte de los socialistas democráticos, en el sentido francés, en parte de la burguesía radical

отчасти на демократичните социалисти, във френския смисъл, отчасти на радикалната буржоазия

En Polonia apoyan al partido que insiste en la revolución agraria como condición primordial para la emancipación nacional

В Полша подкрепят партията, която настоява за аграрна революция като основно условие за национална еманципация

el partido que fomentó la insurrección de Cracovia en 1846

партията, която подклажда въстанието в Краков през 1846 г.

En Alemania luchan con la burguesía cada vez que ésta actúa de manera revolucionaria

В Германия се борят с буржоазията, когато тя действа по революционен начин

contra la monarquía absoluta, la nobleza feudal y la pequeña burguesía

срещу абсолютната монархия, феодалното мързилекарство и дребната буржоазия

Pero no cesan, ni por un solo instante, de inculcar en la clase obrera una idea particular

Но те не спират нито за миг да внушат на работническата класа една особена идея

el reconocimiento más claro posible del antagonismo hostil entre la burguesía y el proletariado

възможно най-ясно признаване на враждебния
антагонизъм между буржоазията и пролетариата
**para que los obreros alemanes puedan utilizar
inmediatamente las armas de que disponen**
за да могат германските работници веднага да използват
оръжията, с които разполагат.
**las condiciones sociales y políticas que la burguesía debe
introducir necesariamente junto con su supremacía**
социалните и политическите условия, които буржоазията
трябва да въведе заедно със своето върховенство
la caída de las clases reaccionarias en Alemania es inevitable
падението на реакционните класи в Германия е неизбежно
**y entonces la lucha contra la burguesía misma puede
comenzar inmediatamente**
и тогава веднага може да започне борбата срещу самата
буржоазия
**Los comunistas dirigen su atención principalmente a
Alemania, porque este país está en vísperas de una
revolución burguesa**
Комунистите насочват вниманието си главно към
Германия, защото тази страна е в навечерието на
буржоазната революция
**una revolución que está destinada a llevarse a cabo en las
condiciones más avanzadas de la civilización europea**
революция, която непременно ще бъде извършена в по-
напредналите условия на европейската цивилизация
**y está destinado a llevarse a cabo con un proletariado mucho
más desarrollado**
и това ще бъде извършено с много по-развит пролетариат
**un proletariado más avanzado que el de Inglaterra en el
XVII y el de Francia en el siglo XVIII**
пролетариат, по-напреднал от този на Англия през XVII и
на Франция през XVIII в.
**y porque la revolución burguesa en Alemania no será más
que el preludio de una revolución proletaria
inmediatamente posterior**

и защото буржоазната революция в Германия ще бъде само прелюдия към непосредствено следващата пролетарска революция

En resumen, los comunistas apoyan en todas partes todo movimiento revolucionario contra el orden social y político existente

Накратко, комунистите навсякъде подкрепят всяко революционно движение срещу съществуващия обществен и политически ред на нещата

En todos estos movimientos ponen en primer plano, como cuestión principal en cada uno de ellos, la cuestión de la propiedad

Във всички тези движения те извеждат на преден план като водещ въпрос във всяко от тях въпросът за собствеността

no importa cuál sea su grado de desarrollo en ese país en ese momento

без значение каква е степента му на развитие в тази страна по това време

Finalmente, trabajan en todas partes por la unión y el acuerdo de los partidos democráticos de todos los países

И накрая, те работят навсякъде за съюза и съгласието на демократичните партии на всички страни

Los comunistas desdeñan ocultar sus puntos de vista y sus objetivos

Комунистите пренебрегват да прикриват своите възгледи и цели

Declaran abiertamente que sus fines sólo pueden alcanzarse mediante el derrocamiento por la fuerza de todas las condiciones sociales existentes

Те открито заявяват, че техните цели могат да бъдат постигнати само чрез насилствено отхвърляне на всички съществуващи обществени условия

Que las clases dominantes tiemblen ante una revolución comunista

Нека управляващите класи треперят от комунистическата революция

Los proletarios no tienen nada que perder más que sus cadenas

Пролетариите нямат какво да губят, освен веригите си

Tienen un mundo que ganar

Те имат свят за спечелване

¡TRABAJADORES DE TODOS LOS PAÍSES, UNÍOS!

РАБОТНИЦИ ОТ ВСИЧКИ СТРАНИ, ОБЕДИНЯВАЙТЕ СЕ!